Y uno se cree

Jordi Soler
Y uno se cree

De cómo Joan Manuel Serrat
y yo nos pusimos, una vez,
a escribir una canción

Papel certificado por el Forest Stewardship Council®

Primera edición: enero de 2025

© 2025, Jordi Enrigue Soler
Autor representado por Silvia Bastos, S. L., Agencia Literaria
© 2025, Penguin Random House Grupo Editorial, S. A. U.
Travessera de Gràcia, 47-49. 08021 Barcelona

© Diseño: Penguin Random House Grupo Editorial, inspirado en un diseño original de Enric Satué

Penguin Random House Grupo Editorial apoya la protección de la propiedad intelectual. La propiedad intelectual estimula la creatividad, defiende la diversidad en el ámbito de las ideas y el conocimiento, promueve la libre expresión y favorece una cultura viva. Gracias por comprar una edición autorizada de este libro y por respetar las leyes de propiedad intelectual al no reproducir ni distribuir ninguna parte de esta obra por ningún medio sin permiso. Al hacerlo está respaldando a los autores y permitiendo que PRHGE continúe publicando libros para todos los lectores. De conformidad con lo dispuesto en el artículo 67.3 del Real Decreto Ley 24/2021, de 2 de noviembre, PRHGE se reserva expresamente los derechos de reproducción y de uso de esta obra y de todos sus elementos mediante medios de lectura mecánica y otros medios adecuados a tal fin. Diríjase a CEDRO (Centro Español de Derechos Reprográficos, http://www.cedro.org) si necesita reproducir algún fragmento de esta obra.

Printed in Spain – Impreso en España

ISBN: 978-84-10299-27-6
Depósito legal: B-19180-2024

Compuesto en MT Color & Diseño, S. L.
Impreso en Unigraf, Móstoles (Madrid)

AL99276

Y uno se cree

1

El 12 de febrero de 2021 recibí este mail:

Bon dia.
Soc Joan Manuel Serrat.
Encara conserves aquest email i el mateix n.º de telefon...?
Voldria comentarte una cosa.
Gracies. Una abraçada.

En cuanto le confirmé que seguía teniendo el mismo número, Serrat llamó, como había llamado otras veces, pero ahora con un mail de por medio, con un protocolo que me hizo sospechar la importancia de lo que iba a decirme, o quizá no, pensé, y sólo quería confirmar que conservo el mismo teléfono, aunque tampoco había pasado tanto tiempo desde la última vez que habíamos hablado.

Un domingo estaba yo en una comida tumultuosa, en un restaurante campestre a las afueras de Barcelona, compartiendo la mesa con un grupo de amigos y un enjambre de niños en el que estaban mis hijos. En medio de aquel entrañable caos, en el que se cruzaban las conversaciones, los gritos y las carcajadas por encima de los solomillos y los platos de sopa y las botellas de vino, sonó el teléfono que tenía ahí junto al plato, palpitando como una criatura en estado de hibernación que, de pronto, volvía a la vida. Salí del restaurante con el teléfono en la mano, en la pantalla aparecía un número desconocido y el estruendo de la comida no me dejaba oír a quien me hablaba del otro lado. Era una tarde helada y cristalina y enfrente de mí se desparramaba la sierra de Collserola, con sus bosques y sus veredas y sus pendientes que desembocan en la ciudad, que a esas horas refulgía con el sol, y, más allá, el mar Mediterráneo, que se perdía rumbo a las costas de Italia. Era Serrat, llamaba desde la Ciudad de México, estaba en su habitación en las alturas del Hotel Presidente, en el barrio de Polanco. Me recargué en el muro donde pegaba un rayo de sol, qué curiosa simetría, le dije después de saludarnos, tú que eres de aquí estás allá y yo que soy de allá estoy aquí. Me contó que acababa de terminar de leer mi novela *Diles que son cadáveres* y me pidió que le diera el nombre y el teléfono de alguien que quisiera yo que él invitara a su concierto, de esa noche, en el Auditorio Nacional. Esas cosas que hace Serrat y que lo dejan a uno conmovido y descolocado. Le dije que invitara a mis padres, mi madre es una barcelonesa exiliada que llegó a México después de la Guerra Civil y que ha tenido en las canciones de Serrat, a lo largo de su larga vida, el consuelo de su paisano catalán que le ha cantado en sus discos durante décadas. Serrat conoce la historia del exilio de mi familia porque la he contado en algunas de mis novelas, pero también porque hemos conversado abundantemente sobre eso, de mi madre y de la suya, que tiene una historia tremenda que ojalá se anime a escribir algún día. Le di el número de mis padres y le pedí que me dejara, primero, avisarles de su llamada para que no se creyeran que era una broma y le colgaran el teléfono. Luego mi madre me contó de la llamada, buenos días, quisiera hablar con María Luisa Soler, dijo Serrat a mi padre, que, con todo y que ya sabía de la llamada, y que del otro lado hablaba una voz inconfundible, preguntó, seguramente para extender lo más posible el momento, ¿de parte de quién?, de Joan Manuel Serrat, dijo Serrat. Después habló con mi madre, no sé exactamente de qué porque, cada vez que la veo, me cuenta nuevos, y cada vez más inverosímiles, episodios de aquella llamada. Semanas más tarde coincidí con Serrat en la presentación del libro de un amigo mutuo en la librería La Central, en Barcelona. Lo primero que me dijo fue: qué monos son tus padres.

Pero la llamada del 12 de febrero de 2021, la que venía anunciada por el mail protocolario, era para una cosa muy distinta. Primero comentamos las rarezas del año que nos había robado la COVID. A mis paseos con el perro, que eran mi única escapada, él opuso su salida cada noche a tirar la basura, y después del breve recuento de las pequeñas miserias, y también de los episodios dulces y entrañables que nos dejó el encierro de la pandemia, me dijo que había subrayado un pasaje de mi novela *Ese príncipe que fui*, que a continuación leyó: «... las plumas multicolores de su capa de tucanes, de guacamayas, de cotorras y de colibríes, de periquitos, de xoconaztlis, de xirimicuiles y xirimicuatícuaros y xirimiticuaticolorodícuaros». Luego preguntó: ¿qué clase de pájaro es el xirimiticuaticolorodícuaro? Uno muy colorido y de plumaje esponjado, improvisé. ¿Esponjado?, ¿cómo?, ¿existe ese pájaro en Veracruz?, preguntó, y yo no tuve más remedio que decirle no lo sé, puede ser como nosotros queramos, lo he inventado, y añadí que, durante la escritura de ese pasaje, me había dejado llevar por el *élan* narrativo y había desdoblado en ecos el nombre, también inventado, del xirimicuil. ¡Es igual!, dijo, estaba pensando que de ese párrafo podría salir una canción, ¿te animarías a escribirla? Algo alcancé a balbucear mientras pensaba en aquel niño que oía una y otra vez con devoción los discos de Serrat en aquella casa en la que nací, en la selva de Veracruz. La propuesta me pareció tan maravillosa como inverosímil, y quizá sea para encontrar la verosimilitud que me he puesto a escribir esta historia. Todo el recorrido sentimental que había hecho, a lo largo de mi vida, agarrado de sus canciones se arremolinaba en esa llamada telefónica en la que Serrat, mi ídolo, me pedía que escribiera una canción. Dije que sí, claro, y me defendí, de manera anticipada, argumentando que nunca había escrito una, o sí, corregí, hace años escribí dos para Santa Sabina, un grupo mexicano de rock, pero supongo que eso será otra cosa, seguí defendiéndome. Escríbela como si fuera un poema, dijo Serrat, que termine en versos pareados, 6-8, 6-8. Supongo que el ambiente será selvático, lleno de colores y de xirimicuiles, dije para irme haciendo una idea, y quedamos en que en cuanto tuviera un primer boceto se lo enviaría para que él le metiera mano y así, con la letra de la canción volando de una pantalla a la otra como un xirimicuatícuaro, iríamos redondeando la pieza. Creo que el tono, el humor, podría parecerse a «Canción infantil para despertar a una paloma morena de tres primaveras», le dije, refiriéndome a una de sus canciones. Esa paloma ya tiene más de cincuenta primaveras, dijo Serrat.

2

Mi hermano y yo pudimos matricularnos en el colegio gracias a que nos sabíamos de memoria decenas de canciones de Serrat, sobre todo nos fueron muy útiles las que venían en dos de sus discos en catalán, *Ara que tinc vint anys* y *Com ho fa el vent*. Vivíamos en La Portuguesa, una pequeña comunidad en la selva de Veracruz donde nuestra familia, una tribu de barceloneses exiliados de la Guerra Civil, regenteaba un cafetal. Los mayores, a pesar de que llevaban más de veinte años viviendo en México, sin haber regresado nunca a España, seguían hablando en catalán, su lengua era el nexo que los mantenía conectados con el país que habían tenido que abandonar. Ya se sabe que quien pierde la guerra lo pierde absolutamente todo y, si se descuida, pierde hasta su propia lengua. Por eso aquella tribu se empeñaba en seguir hablando en catalán en un entorno rural mexicano en el que se hablaba español, nahua y totonakú, y además se esforzaban por que los más pequeños, que éramos mi hermano Joan y yo, también lo habláramos. Éramos una microsociedad, atravesada todo el tiempo por corrientes internas, por sentimientos soterrados y por cosas a medio decir, vivíamos como en esa casa de la novela *To the lighthouse*, de Virginia Woolf, éramos esos personajes que quieren ir al faro, desde la primera página, y se pasan toda la historia sin poder ir, porque hace mal tiempo, llueve, hay niebla y en la noche ven anhelantes la potente luz que guía a los barcos, como los mayores de La Portuguesa veían a su país, lejano e inalcanzable. En aquella circunstancia, en ese esfuerzo desesperado por mantenernos pegados al *omphalós* catalán, las canciones de Joan Manuel Serrat eran, para nosotros, el faro que alumbraba el camino hacia el país al que no se podía regresar, eran la estrella polar que mantenía el rumbo de la familia, para que no perdiéramos del todo la identidad, lo cual nos convertía a mi hermano y a mí en un par de excéntricos que iban canturreando por la selva «En qualsevol lloc» o «Cançó de matinada», canciones en una lengua que ninguno de nuestros vecinos entendía. Unos años más tarde, cuando ya vivíamos en la Ciudad de México, decíamos cosas en catalán para hacernos los interesantes, sobre todo cuando había chicas alrededor y entreverábamos nuestros rudimentos lingüísticos con líneas que plagiábamos de las canciones catalanas de Serrat. Eso fue precisamente lo que hicimos frente al director del colegio lasallista al que fuimos a parar cuando llegamos de La Portuguesa a la Ciudad de México. Era un señor catalán muy serio, que había peleado junto a mi abuelo en la batería de Montjuïc y que, gracias a eso, se hizo de la vista gorda para que aquellos dos niños pueblerinos, que se presentaron acompañados por su abuelo y sin ningún documento que acreditara que habían ido alguna vez a la escuela, pudieran integrarse al sistema educativo del país. En realidad, toda la familia, y no sólo el director, se hizo de la vista gorda de una manera, digamos, poliédrica, pues el Simón Bolívar era un colegio católico y muy de derechas, y nosotros veníamos de una familia anticlerical y de izquierdas, que a su vez se hacía de la vista gorda ante la deriva conservadora del abuelo, que consonaba con la del director, que había sido tan rojo como él, ese proverbial corrimiento de la izquierda a la derecha, del descreimiento a la creencia, que suele llegar con la edad. Pero mi hermano y yo no teníamos otro remedio, no había otra forma de estudiar en una escuela, así que nos acomodamos ahí como pudimos, hacíamos como que rezábamos cuando tocaba rezar, aceptábamos mansamente el cuerpo consagrado de Cristo y nos sometíamos con docilidad a la machacona epifanía del rebaño: cada hora, por turnos, se levantaba un compañero, que a veces era uno de nosotros, y decía: acordémonos que estamos en la santa presencia de Dios, y todos respondíamos a coro, y ay de aquel que no mostrara una vehemente convicción: ¡adorémosle!

A mí, por la edad que tenía, me colocaron directamente en segundo de primaria, y a Joan, en primero. Las escandalosas deficiencias escolares que arrastrábamos se desvanecieron como por arte de magia cuando empecé a recitar, *saps, el gerani ha florit a casa meva, / saps que cada matí l'amor es lleva.*

3

En La Portuguesa teníamos otros referentes del país que la familia había tenido que abandonar, las novelas de Juan Marsé nos transportaban directamente a Barcelona, el Pijoaparte nos intrigaba y estábamos enamorados de Teresa, que por cierto se apellidaba Serrat. También nos conectaban con el terruño de la familia las hazañas de Johan Cruyff, de las que nos enterábamos por la prensa, porque en esa época la televisión mexicana no retransmitía los partidos del Barça, de manera que la conexión que engendraba el futbolista era más bien de categoría esotérica, creíamos en lo que no veíamos, regresábamos al orden la confusa máxima de santo Tomás: no ver para creer.

Serrat, Marsé y Cruyff eran los tres juanes que constituían la santísima trinidad de La Portuguesa, pero eran las canciones de Serrat lo que de verdad hacía vibrar el triángulo. He contado varias veces que el origen de mi vocación de escritor está en ese álbum total que hizo Serrat con los poemas de Miguel Hernández, un disco que oí obsesivamente hasta su desintegración y que me llevó al libro del poeta que había en casa, y de aquel libro fui pasando a otros libros hasta que llegó el día en que me atreví a escribir los míos. Durante años me apunté, para aprendérmelas mientras triscaba por la selva o, más adelante, por las calles de la Ciudad de México, las canciones de Joan Manuel Serrat, en unas hojas que metía dobladas en el bolsillo de la camisa o del pantalón y sacaba cuando tenía que consultar un verso que se me escapaba. Llevaba aquellos papeles permanentemente en los bolsillos como aquellos personajes de Joseph Roth, ese asombroso escritor de la Galitzia Oriental que hoy es parte de Ucrania, que se llenaban los bolsillos de piedras para que no se los llevara el vendaval.

4

Una vez que Serrat y yo íbamos caminando por las calles de mi barrio en Barcelona, me señaló la casita modernista que está en la esquina de Muntaner con Madrazo, que antes era la oficina de la ATM (Autoritat del Transport Metropolità) y hoy es el refugio de un montón de familias ucranianas, más bien de mujeres solas con sus hijos, que viven ahí, amparadas por el Ayuntamiento de la ciudad, mientras sus maridos pelean en la guerra de su país contra el ejército ruso. Y con lo melancólicas que son las ucranianas, lamentó Serrat, y luego me contó que cuando era estudiante había subido desde el Poble-Sec a esa misma casita a hacer un examen que se le exigía para acceder a un curso superior, y un poco más allá, cuando caminábamos por la calle Rector Ubach, me señaló el lugar, que hoy ocupa un negocio de otro giro, donde estaba el estudio EMI-Odeon, en el que grabó algunos de sus discos. En esa calle circula una curiosa energía ecléctica y una moral estereofónica porque, en unos cuantos metros, conviven un gimnasio de elite exclusivo para mujeres adineradas, un puticlub, también de elite, que está en los bajos de un edificio donde viven familias conservadoras y recatadas de Barcelona, y, como contrapunto equidistante entre las dos instituciones, la casa natal del filósofo Salvador Pániker, un pensador imprescindible, con un sistema de creencias que corre del aparato católico a las *Upanishads* del hinduismo, en cuyos diarios queda expuesta, precisamente y con sobrada brillantez, esa moral estereofónica tan barcelonesa que campea, con gran soltura, entre lo hogareño y lo canalla. Así que el dato de que ahí estaba el estudio donde grababa sus discos me pareció que era lo único que le faltaba a esa calle tan cabal, que encima tiene el nombre de un párroco. Le conté a Serrat que el Camarón, nuestro adorado golden retriever, y yo paseábamos con frecuencia por esa calle y que seguido veíamos a las trabajadoras del puticlub, un ramillete de chicas altas y rubias, fumando y vestidas de lentejuela a las 7.30 de la mañana, dando los buenos días a los niños que salen con sus padres del edificio rumbo a la escuela. Ya lo dices tú en una canción, le dije a Serrat, *mil perfums i mil colors, mil cares té Barcelona*.

El otro día le contaba a mi amigo Sergi Pàmies de la moral estereofónica de la calle Rector Ubach y al terminar mi disertación añadió una pieza espectral que consuena con las vibraciones esotéricas que se desprendían de la figura de Cruyff en La Portuguesa. Antoni Torres, sentenció Sergi, defensa central del Barcelona en la era del astro holandés, vivía en la calle Rector Ubach.

5

Me puse a pensar en nuestra canción, en los xirimicuiles y en los xirimicuatícuaros y, sobre todo y con angustia, en los xirimiticuaticolorodícuaros, ¿qué clase de verso podía contener a ese pájaro tan largo? Y, en caso de conseguirlo, ¿cuántos litros de aire en los pulmones había de tener Serrat para cantar el verso que lo contuviera? La canción tenía que salir de los pájaros, tenía que haber plumas, mucha selva y una princesa o reina indígena que fuera tirando de la narrativa de la pieza, había que contar una historia, concluí, puesto que el fundamento provenía de una novela. Recordé que Rabindranath Tagore tiene unos versos aforísticos por los que vuelan y trinan los pájaros y me puse a buscar el libro por las estanterías que ocupan varias zonas de la casa. Como pasa a veces con los libros que buscas, tuve la impresión de que se había ido volando como un xirimicuil. Me acordé de la vez que fui a recoger un libro a casa de Carlos Monsiváis, que él amablemente me había ofrecido, y cuando llegué nos pusimos a buscarlo en las estanterías atiborradas que ocupaban cada centímetro de cada pared. Al cabo de media hora, me preguntó: ¿tienes coche?, le dije que sí y él opinó que lo más sensato era que fuéramos a la librería Gandhi a comprar otro ejemplar. Al final sí apareció mi libro de Tagore y dentro hallé dos versos aforísticos que anoté, por si acaso: *los pensamientos cruzan mi mente / como bandadas de pájaros por el cielo / oigo el batir de sus alas*; y el otro: *el canto del pájaro es el eco de luz / de la mañana que devuelve la tierra.*

Luego me puse a oír canciones de Serrat, varias de las que cargaba en los bolsillos cuando era joven, piezas que he escuchado y hasta cantado toda la vida, pero que ahora me enseñaban los dientes, la cosa no iba a ser fácil. De entrada advertí la dificultad de atenerme sólo al conteo de las sílabas por la forma en que Serrat las desdobla, y la palabra que ocuparía el espacio de seis sílabas acababa ocupando el espacio de ocho, aunque cuando estaba haciendo, para mí, esta observación, caí en la cuenta de que estaba reflexionando como escritor, que es lo que soy, y no como músico. Me pareció que lo mejor era ajustarme a la instrucción del maestro y ponerme a escribir un poema. Esa noche, a la hora de la cena, Laia, mi hija, que tiene su habitación al lado del gabinete donde trabajo, señaló la sobredosis de canciones de Serrat a la que la había sometido toda la tarde. Expliqué entusiasmado el proyecto en el que acababa de embarcarme, describí a grandes brochazos la historia que quería contar e hice una suma de mis temores y de los elementos que podía ir succionando, como hacen en los cuellos los vampiros, para la confección de la letra. Dos días más tarde tenía listo un boceto de la canción que le envié por mail, con esta nota:

Serrat querido:
Aquí voy con nuestra historia, mucha selva y mucho xirimicuatícuaro, hay incluso una reina

morena e inconmensurable, de Veracruz, claro; la he bautizado «Una capa de plumas de colores», aunque también podría ser «Una turba de pájaros»; tú verás. Y por supuesto: métele mano, ajusta lo que haga falta, o dime dónde se la meto yo.
    Un abrazo enorme.
Jordi

    Enviat des del meu portàtil
    @jsolerescritor

    UNA CAPA DE PLUMAS DE COLORES

Plumas de tucanes,
de guacamayas, de cotorras,
ordenó la reina de la selva
al jaguar y a la serpiente,
al mago de los cuatro rumbos,
a la diosa de la lluvia
y al señor de los volcanes.
Quiero plumas de colibríes,
de periquitos,
de xoconaztlis
y de xirimicuiles,
dijo la reina de la selva con su voz de agua profunda.

Hay que escudriñar en la manigua,
en los juncos del río
muy adentro en el breñal;
hay que buscarlos en las ramas de las ceibas,
de los tamarindos,
de los tabachines,

entre las hojas de los nopos,
de los guanacastes,
de los cacahuananches,
dijo la reina de la selva con su voz de agua celeste.

Y en cuanto se ocultó el sol detrás de las montañas
salieron todos a buscar pájaros dormidos
en las ramas de los jobos,
de los lacocotes,
de los tepehuajes.

Una capa de plumas de colores
de pájaros de todos los linajes
para resguardar a la reina de la selva
de los vientos que llegan del norte,
de las ráfagas que bajan de la sierra.

Pero los pájaros se dieron cuenta,
el tucán sorprendió al jaguar,
el colibrí, a la serpiente,
el xoconaztli, a la diosa de la lluvia,
y el xirimicuil, al señor de los volcanes;
¡qué idea esa de llevarse nuestras plumas!,
dijo el xirimicuatícuaro,
¡qué impráctico el asunto de la capa!
Y desde entonces
los días de viento del norte,
de ráfagas heladas de la sierra,
la reina camina por la selva
dentro de una turba de pájaros
de colores infinitos y de todas las raleas,

de tucanes y guacamayas,
de cotorras y colibríes,
periquitos, xoconaztlis,
xirimicuiles, xirimicuatícuaros
que se desdoblan,
que se hacen muchos,
que se convierten en xirimiticuaticolorodícuaros.

Una capa de plumas de colores
de pájaros de todos los linajes
para resguardar a la reina de la selva
de los vientos que llegan del norte,
de las ráfagas que bajan de la sierra.

6

Llamó Serrat, me preguntó que si podíamos comentar el boceto que le había enviado y yo le respondí que sí, que estaba trabajando en mi gabinete y que era el momento perfecto. Antes de pasar a la canción, Serrat apuntó que en su casa, cuando era niño, la palabra gabinete era el eufemismo familiar que denominaba el retrete. Vaya, dije. Le conté que había leído el boceto de la canción a Alexandra y a mis hijos y que la opinión general era que, en un nivel primario, funcionaba. Luego me preguntó por mis hijos, por sus edades y por lo que les interesaba, le conté que Alexandra y yo acabábamos de conocer a la novia de Matías, nuestro hijo mayor, y opinó que con las novias de los hijos más vale no encariñarse, porque luego preguntas por Laura y te contestan: ¿qué Laura? Quince minutos más tarde nos concentramos en la canción, Serrat sugirió algunos cambios que anoté en la libreta en la que había garrapateado el boceto y después me preguntó si había pensado como a qué sonaría, y yo le dije que había escuchado, en la estación belga de radio que oigo todo el día, una inquietante pieza de Santiago de Murcia, un músico barroco que escribía jácaras, unas piezas musicales que sonaban a son jarocho, la música tradicional de Veracruz. Creo que podría tener un aire de jácara, le dije. Luego pasamos a la extravagancia de los pájaros fundacionales de la canción, a la dificultad que suponía cantar el nombre más largo, que quizá debería ir solo, ocupar todo el espacio del verso, sugerí. Serrat se quedó un momento en silencio y comenzó a cantar las últimas estrofas:

xirimicuiles, xirimicuatícuaros
que se desdoblan,
que se hacen muchos,
que se convierten en xirimiticuaticolorodícuaros.

Y las cantó, claro, con esa misma voz que yo oía con devoción cuando era un niño en La Portuguesa, con esa bendita voz que tantas veces nos ha puesto la carne de gallina. Parece una tontería, pero al oír cómo cantaba esos versos por teléfono pensé: ¡es Serrat!

7

Una vez me citó en el Botafumeiro, un restaurante muy famoso y muy concurrido de Barcelona que, de entrada, me pareció un territorio inhóspito para sostener una comida apacible y una charla sosegada. Calculé que los admiradores de Serrat estarían pululando a nuestro alrededor, pero, pensé, seguramente habría pedido que nos pusieran en una mesa apartada, detrás de un biombo o en un saloncito privado. Llegué primero al restaurante a enfrentar el dilema que ya en otra ocasión había resuelto por mí una camarera, en otro restaurante, donde, por cierto, no había habido ni biombo ni saloncito privado; es más, ahora que hago memoria me doy cuenta de que todas las veces que he estado con Serrat en un restaurante ha sido en la mesa que está en el centro de todo. En aquella ocasión llegué al sitio donde habíamos quedado y cuando la camarera me preguntó a nombre de quién estaba mi reserva, dudé; me pareció que dar el nombre de mi amigo iba a provocar una turbulencia, que en unos minutos tendríamos ahí a una parvada de paparazzi, y enseguida pensé en la posibilidad de que reservara sus mesas con otro nombre. Eso me pareció lo más lógico, y la camarera, al ver la tormenta interior que me azotaba y que me tenía prisionero en una mudez ridícula, me preguntó: ¿viene a la mesa del señor Serrat? Así había resuelto mi dilema aquella diligente camarera, pero, ahora, el *maître* del Botafumeiro no tenía la misma sensibilidad y luego de un breve forcejeo, y de que me lanzara una mirada entre guasona y desconfiada, ¿qué le pasa a este hombre que no sabe ni con quién va a comer?, habrá pensado, tuve que decir el apellido de mi amigo. Me sentó en una mesa que se veía desde cualquier punto del restaurante, y en lo que esperaba, no porque Serrat viniera tarde sino porque yo había llegado temprano, pensé que igual se trataba de la mesa de otro señor con el mismo apellido, de un pariente de la Teresa de Juan Marsé, y que la nuestra estaría, como yo suponía, en un saloncito. Pero me equivocaba, esa era efectivamente la mesa donde el cantante más célebre del país iba a brillar como un candil, es decir, a encandilar a la concurrencia.

Lo primero que hizo Serrat al llegar fue pedir un godello de fábula, de una ribera específica, que bebe siempre ahí, según me dijo. Luego ordenó una serie de monstruos marinos tenazudos y acorazados que ocupaban un par de bandejas, y zamburiñas, percebes, ostras, navajas que fuimos liquidando mientras hablábamos de diversos temas, de libros sobre todo y de episodios de la cotidianidad. ¿Ya le has podido ganar a Pati?, me preguntó, porque yo le había contado unos días antes por teléfono que últimamente jugaba tenis con ella y que no encontraba la forma de ganarle, es como Muguruza, como Badosa, exageraba yo, y en eso comenzó a sonar en la megafonía del restaurante la canción «Mediterráneo», cosa que podía ser una casualidad, un capricho del algoritmo de Spotify, pero después vino «Tu nombre me sabe a yerba», con un volumen más subido, y luego «Cantares», y fue ahí cuando Serrat llamó al camarero y pidió que si podían cambiar la música, petición que el camarero encajó con extrañeza porque su intención era homenajear al maestro, acompañar las viandas y el godello de fábula con sus propias canciones. El restaurante quedó momentáneamente en silencio y, cuando pensamos que se había tomado la decisión ejecutiva de erradicar esa tarde la música ambiental, comenzó a sonar, con el mismo volumen que había merecido el homenaje a Serrat, la canción «Gwendolyne», de Julio Iglesias, y luego «La vida sigue igual», y después una interminable media docena de hits, del mismo Iglesias, que hubo que soportar mientras liquidábamos los postres y bebíamos el café.

8

Querido Serrat:
Aquí va una versión más subida de color y ajustada a la cifra mágica 6-8; he añadido flores y quitado algún zumbido.
Abrazos.
Jordi

Enviat des del meu portàtil
@jsolerescritor

Y en el archivo le envié los cambios que habíamos ido implementando al boceto primigenio en una sucesión de llamadas telefónicas. El título «Una capa de plumas de colores» y el tentativo «Una turba de pájaros» fueron sustituidos por el más carnal y candente «La reina de la selva».

El boceto primigenio empezaba así:

Plumas de tucanes,
de guacamayas, de cotorras,
ordenó la reina de la selva
al jaguar y a la serpiente,
al mago de los cuatro rumbos,
a la diosa de la lluvia
y al señor de los volcanes.

Con la idea de hacer más aerodinámica la pieza, más capaz de emprender el vuelo como un xirimicuil, porque en el primer intento estaba más cerca de lo escrito que de lo cantado, añadimos rimas de apoyo, ecos para sustentar a la *serpiente*, que reptaba muy suelta, muy solita, muy abandonada, rimas con *oriente* y con *urgentemente*. También quitamos al *mago de los cuatro rumbos*, un personaje que a mí me encantaba y que me empeñé en conservar, ¿cómo vamos a quitar al mago?, quitarlo sería tanto como suprimir la magia, argumentaba yo con esa falacia, pues la pieza estaba llena de explosiones coloridas, de situaciones fantásticas, de ilusionismo, que ya prácticamente era magia, pero yo me empeñaba seguramente porque el concepto de los cuatro rumbos había sido importante para mí cuando era niño en La Portuguesa, en aquella selva donde todo tenía cuatro direcciones, cuatro salidas, el jaguar y el otobú tenían cuatro caras y la serpiente nauyaca tenía cuatro narices. Por esto defendía a ese personaje con tanto ahínco, pero, claro, no estábamos trabajando en la exhumación de los fundamentos de mi era infantil, sino en una canción de Joan Manuel Serrat que no podíamos poner a renquear con esa figura, de pronto me quedó claro, alienada del elenco que estábamos conformando, y entonces le dije a Serrat que tenía razón, que el mago de los cuatro rumbos quedaba fuera, que ya lo repescaría más adelante en una novela, o en una trilogía, ya veríamos de qué forma crecía el mago después de su defenestración, quizá al podarlo crecería con más ímpetu. La voz de la reina experimentó un desdoblamiento en esa revisión. Donde decía:

dijo la reina de la selva con su voz de agua profunda

quedó:

*ordenó la reina
imperativa y rotunda
con su voz de agua profunda.*

Con esta modificación la voz ganó protagonismo, como esos actores secundarios que de decir un monosílabo pasan a pronunciar una frase completa y así permanecen más tiempo en la pantalla, y además el eco de *rotunda* con *profunda* concitó un sugerente aleteo que elevó la voz de la reina al estrato donde vuelan las mariposas. También le hicimos un lifting a un grupo de versos que yo apreciaba mucho y que, igual que había hecho con el mago de los cuatro rumbos, tuve que reconsiderar; no extirpar como en aquel caso, sino destripar.
Los versos:

*Una capa de plumas de colores
de pájaros de todos los linajes
para resguardar a la reina de la selva
de los vientos que llegan del norte,
de las ráfagas que bajan de la sierra*

se transfiguraron en este dispositivo, mucho más cantable:

*Y la reina de la selva,
con su tocado de orquídeas
y sus magnolias agrestes,
quiere una capa de plumas
de pájaros rojos y verdes,
amarillos y celestes.*

En las dos secuencias se anuncia que la reina quiere una capa de plumas, pero mientras que la primera se pierde en la utilidad del abrigo, en su eficacia a la hora de capotear las ráfagas y los vientos, en la segunda nos concentramos en la estética, no sólo de la capa, también de la reina que la luce y que, como anticipo, ya se pasea por la selva con la cabeza tocada por un arreglo de flores.

Más adelante recompusimos la escena en la que la reina va caminando *dentro de una turba de pájaros*, envuelta en esas criaturas que revolotean a su alrededor, cobijada por ellos como si llevara una manta encima. Esto generó, más que una discusión, una toma de conciencia. Serrat preguntó, con toda razón, que si sería necesario abrigarse en esa selva tórrida donde normalmente lo que hace falta es un ventilador. Yo argumenté que, al margen del viento del norte, que enfría mucho el ambiente, y más en las cercanías del volcán, como era el caso, la sensación térmica es siempre relativa, el termostato de mis paisanos veracruzanos se altera más fácilmente que el nuestro aquí en Barcelona, expliqué. Luego largué un alocado excurso; le conté, para ilustrar eso de la relatividad del termostato, que una vez me subí a un avión en Toronto, donde había una temperatura ambiente de veinticinco grados centígrados bajo cero, y, tres horas con veinte minutos más tarde, aterricé en La Habana, Cuba, donde había, en pleno enero, veinticinco grados positivos de temperatura ambiente, y, continué diciendo, cuando pregunté por qué no había nadie en esa playa esplendorosa y llena de sol, me dijeron que era invierno y que en esa estación nadie se baña porque hace frío; ahí tienes, le dije a Serrat, la relatividad del termostato. Pero estábamos en la escena de la reina caminando por la selva, envuelta en su nube de pájaros de diversas especies, incluso de la especie literaria, como lo eran el xirimicuil y sus primos, digamos, fonéticos.

En la primera escena, la reina caminaba un poco envarada, ligeramente acartonada, quizá porque en el primer boceto estaba yo apenas midiendo la parcela, el espacio que iba a ocupar la canción; era un trabajo más bien de paisajista, aunque es verdad que ya estaban ahí todos los elementos, los visibles y los invisibles, con los que íbamos a trabajar. Quizá escribir una canción, un poema o una novela sea eso, manipular lo visible para que lo invisible irrumpa y se ponga a refulgir en el paisaje que previamente había desbrozado el paisajista. La segunda versión del desplazamiento de la reina quedó así:

Y al día siguiente la reina
caminaba por la selva
protegida y abrigada
por una nube formada,
según dice la leyenda,
de pájaros xoconaztlis,
tucanes y guacamayas,
cotorras de las montañas

*y gráciles colibríes,
de lacios xirimicuiles,
de xirimicuatícuaros
y también de los más raros
xirimiticuati-
colorodícuaros,
que son de un rojo exaltado.*

Nos gustó mucho que los xirimiticuaticolorodícuaros fueran de un rojo exaltado y, como puede constatarse, mi teoría de la relatividad del termostato triunfó, puesto que a la reina no sólo la protegen los pájaros, también la abrigan. La abrigan volando alrededor de ella, lo cual nos permite seguir gozando de su belleza, comenté, porque si la historia sucediera en, digamos, San Petersburgo, el largo abrigo de astracán nos escatimaría la visión del cuerpo de la reina. Qué guapa es la reina de la selva, dijo Serrat, y yo doblé la apuesta diciendo que nuestra reina me tenía ya un poco enamorado.

9

Cuando yo era un niño, los discos de Serrat llegaban misteriosamente a La Portuguesa. Era la única manera posible porque la vía normal, que era la de recibirlos por correo, de alguna tienda de la Ciudad de México o enviados por la prima Alicia de Barcelona, había sido descartada. Los envíos de España, que, por algún motivo, suscitaban la sospecha de los revisores, eran retenidos, para su morosa inspección, en el puerto de Veracruz, y, ya que todo quedaba esclarecido, nos llegaba el paquete a La Portuguesa con las huellas de la humedad corrosiva de la bodega, o las del despiadado sol del trópico cuando el paquete esperaba a la intemperie. El trámite al sol era letal para el jamón, las butifarras, el fuet y demás embutidos que encargaba mi abuelo, y la humedad de las bodegas hacía que los turrones y los carquinyolis nos llegaran recubiertos por una pelusilla verdosa. Las cosas que no eran retenidas en la aduana llegaban en la alforja del cartero, normalmente en buen estado, libros, revistas, documentos, fotografías que enviaba la familia que se había quedado en Barcelona. Una vez el cartero llegó con un sobre dentro del cual, lo vimos mi hermano y yo con toda claridad, palpitaba algo sagrado, iba dirigido a nosotros y al abrirlo encontramos, metido entre las hojas de la carta que explicaba el envío, un papelito cuadrado con el autógrafo de Johan Cruyff, el futbolista al que admirábamos, como ya he dicho, de manera rigurosamente imaginaria, esotérica, dije más bien, pues nunca lo habíamos visto jugar, ni siquiera lo habíamos visto moverse en la pantalla de la tele, y todo lo que conocíamos de él, además de su prestigio y de que hacía ganar al Barcelona, eran las fotografías que publicaba, de vez en cuando, el periódico local y que nosotros íbamos pegando en la pared de nuestra habitación. La prima Alicia contaba en la carta que había coincidido con Cruyff en el aeropuerto de El Prat y que le había pedido un autógrafo para sus sobrinos mexicanos. La firma del crack fue a parar, debidamente enmarcada, a la pared de nuestra habitación y con el tiempo fue pasando por diversas paredes, y hoy, medio siglo después, está colgada en la pared de la oficina de mi hermano, que dirige un prestigioso despacho de abogados en la Ciudad de México. El autógrafo de Cruyff, como pasaba con los libros y los documentos, llegó en buenas condiciones, pero los discos de Serrat, dos de ellos solamente, porque pronto hubo que buscar otra manera de conseguirlos, llegaron a casa, luego de su ingrata estancia al rayo del sol, convertidos en una pieza fruncida de plástico negro.

10

Unos días más tarde, Serrat mandó un lacónico mail, con un jugoso *attachment*, que decía: míralo y luego te hablo, o me llamas. A estas alturas del boceto empezaba a imponerse una investigación sobre la flora en la selva de Veracruz, pues ya habíamos incluido ráfagas que probablemente merecerían un *fact checking*, por ejemplo, *en las ramas de los jobos, de los lacocotes, de los tepehuajes*. Yo soy más de inventar nombres de plantas y animales, antes que su veracidad me gusta que los nombres suenen bien y que se inserten en el color de la trama narrativa de la novela; por ejemplo, en *Los hijos del volcán* aparecía un tigrillo, que es un felino habitual en la zona de La Portuguesa, y de pronto, en el enfrentamiento de la fiera con Tikú, el protagonista, me pareció que la palabra tigrillo relumbraba de una manera molesta en esa escena que yo quería fosca y penumbrosa, así que le cambié el nombre al felino y le puse otobú. Jean-Marie Saint-Lu, cada vez que traduce alguna de mis novelas al francés, me envía unas largas listas con los nombres que no encuentra ni en sus diccionarios ni en Google. Inventa una palabra en francés que suene a mi flor, a mi árbol, a mi bicho, le digo siempre. Pero a Serrat le interesaba la veracidad de la flora y de la fauna, con la excepción del xirimicuil y sus primos, claro está, así que me alineé y abracé la vertiente verídica, que tenía el problema, lo vimos enseguida, de que estábamos trabajando en un territorio poco documentado de la vegetación, de un trozo específico de la selva de Veracruz, que no aparecía en Google, ni tampoco en mi memoria, pues yo triscaba por esos parajes cuando era un niño y apenas recuerdo el nombre de algunos árboles, pero, le dije a Serrat, puedo llamar a mi padre, que lo recuerda todo de aquella selva. En el *attachment* del mail venía nuestro boceto aligerado y más musical; iba ya sin duda rumbo a convertirse en una canción, pero tenía una pieza problemática que había que resolver cuanto antes porque esos engranes a los que les falta un diente, o les sobra una rebaba, impiden que la máquina discurra con la precisión y la tersura que desea un escritor de canciones.

> *En las ramas de las ceibas*
> *y los tabachines*
> *viajar hasta los confines*
> *de su señorío,*
> *buscar entre las palmeras*
> *y los abedules.*

Tenía mis dudas sobre el sustantivo *señorío*, expresaba con claridad lo que estábamos buscando pero creía, le dije a Serrat, que podríamos decirlo de otra forma, con una palabra menos bigotona, sugerí. Pero al final el engrane sin diente resultó ser *abedules*. ¿Hay abedules en esa selva?, preguntó Serrat, y yo le dije que no tenía ni idea y anoté el árbol para preguntárselo luego a mi padre, pero, mientras tanto, pensamos que el abedul podría ser sustituido por el pirul, estoy casi seguro, le dije, de que hay pirules en esa selva, se trata de un árbol modesto, añadí, y le conté de una canción, de rompe y rasga, que cantaba Lola Beltrán, «Leña de pirul», que tiene estos versos desgraciados: *Pobre leña de pirul / que no sirves ni p'arder, / nomás para hacer llorar*. No sé si al pirul va a faltarle fogosidad en esa flora exuberante que puebla nuestra canción, comenté, y en todo caso quedamos en que no cambiaríamos nada hasta que hablásemos con nuestro asesor, así llamaba ya Serrat a mi padre. En la noche, a la hora de la cena, leí a la familia lo que llevábamos de canción y conté mi discrepancia con el sustantivo y las dudas que teníamos entre el abedul y el pirul. Matías, mi hijo, casi brincó de su silla, ¿pirul?, no podéis incluir un pirul en la canción. ¿Qué tiene de malo el pirul?, pregunté extrañado de que fuera el humildísimo pirul, y no el sustantivo señorío, la pieza que lo desconcertaba. Matías explicó que los chicos de su generación le dicen pirul al pito, y la cosa me preocupó porque Serrat y yo podríamos quedar como autores trasnochados que no estaban al tanto del léxico sexual de los años veinte del siglo XXI. Pensé que quizá el pirul además de árbol era órgano exclusivamente entre los amigos de Matías, que son chicos de la parte alta de Barcelona que estudian en el Liceo Francés. Y esto del pirul sexualizado ¿no será un galicismo?, pregunté, en un intento fallido por salvar nuestro árbol. Llamé a Serrat para contarle mi hallazgo botánico, le revelé la polisemia que nuestro árbol gastaba entre los jóvenes, cuando menos entre los del Liceo Francés, le dije. No, hombre, no, se quejó

Serrat, ¿quién dice eso? Matías, le dije, y él replicó: ¡pásame a tu hijo! Y cuando transmití la petición, Matías salió corriendo y nos dejó el pirul palpitante, e irremediablemente sexualizado, en mitad de la canción. Habrá que ajustarse al abedul, sugerí.

11

Los primeros discos de Serrat que hubo en La Portuguesa los llevó mi padre, que en una tarde libre que le habían dejado sus diligencias en la Ciudad de México se había metido, según recuerdo, al Palacio de Bellas Artes, al concierto de un cantante español que le había encantado y, al final, había comprado los dos discos que vendían ahí: *Dedicado a Antonio Machado, poeta*, con esa portada roja, esa lumbre, ¿o es un campo de trigo?, no lo sé, y esa fotito como del pasaporte de Machado, y *Com ho fa el vent*, un disco en catalán en cuya portada aparecía Serrat, una imagen que fue situada de inmediato en esa iconografía esotérica que atesorábamos como el talismán que nos decía que había mundo más allá de la selva. A Serrat lo veíamos en esa imagen como a Cruyff en la suya, pero a él lo escuchábamos y eso situaba su foto en otra dimensión, esotérica para nosotros y descaradamente carnal para mis tías, que suspiraban y besuqueaban la portada cada vez que oían sus canciones. A partir de esos discos comenzó la pesquisa, los encargos frustrados a Barcelona, las búsquedas desenfrenadas en las tiendas de la capital que yo mismo haría años más tarde, ya en la edad del desenfreno, y, sobre todo, las sucesivas y siempre misteriosas apariciones de la obra de Serrat que tenían lugar en La Portuguesa. Nicolás, el lechero, protagonizó una de aquellas apariciones; llegaba cada mañana en su caballo, que iba cargado con dos tambos enormes de metal que le colgaban de las ancas, y, sin moverse de su silla, desenvainaba un cucharón que llevaba trabado en el cinto como la daga de un espadachín, lo metía en uno de los tambos y desde esa altura vertía la leche en las ollas que le iban presentando las criadas de la casa. Una mañana, Nicolás pidió hablar con mi madre, que era la que trataba con él y le pagaba mensualmente el servicio, los días 30 de cada mes, que eran los únicos días en los que el lechero se bajaba del caballo para ir a recoger su dinero, y cada uno de esos días nos asombraba lo bajito que era sin su caballo, era de nuestro tamaño, prácticamente un enano al que el cucharón que llevaba en el cinto casi le arrastraba por el suelo. Mamá salió extrañada a parlamentar con el lechero y, cuando le preguntó de qué se trataba, Nicolás sacó de su morral el álbum *Mi niñez y otras canciones*, que nunca supimos dónde había conseguido, dónde se lo había encontrado o a quién se lo había robado, mamá quiso averiguarlo pero la explicación que empezó a ofrecer era tan turbia que prefirió no saberlo, lo interrumpió y fue por el dinero que le pedía por esa pieza única en la región. En cuanto oí la canción que daba título al disco, quise tener un gato *peludo, funámbulo y necio*, en lugar de los ejemplares sarnosos y esmirriados que se nos metían entre las piernas y brincaban a la mesa cuando doña Julia servía la sopa. Lo de descerrajar el viento y apedrear el sol nos quedaba perfectamente, igual que lo de los ombligos y aquello de *huérfanos de escuela* que dotaba a nuestra vida agreste y rural de una luminosa dignidad; si Serrat, nuestro ídolo, no iba a la escuela, ¿por qué teníamos que ir nosotros? Oíamos tanto sus canciones que ya sentíamos que lo conocíamos, que era nuestro amigo, una cosa que, soñábamos, podría suceder en el futuro, ¿por qué no?, decíamos cuando se nos espesaba el delirio.

El disco *Mediterráneo*, que llegó a casa también de una forma rocambolesca, me hizo ver en ese mar una pieza mitológica, que no conocería hasta muchos años más tarde, cuando fui a Barcelona por primera vez, con una mochila y un walkman bien abastecido con las canciones de Serrat y con las de otros músicos, casi siempre rockeros, que me entusiasmaban entonces; el único cantautor en español que oía era Serrat, nunca me interesó la trova latinoamericana, ni lo que cantaban Silvio Rodríguez o Pablo Milanés, las peñas latinoamericanas de la Ciudad de México me daban repeluco, y me irritaban, hasta la urticaria, los lamentos de la quena y la ocarina. La impronta que dejó en mí la canción «Mediterráneo» me sigue acompañando hasta hoy; de la misma forma en que el lector de Cervantes ve la tierra de Castilla no como es, sino como se la enseñó el *Quijote*, así me pasa a mí con ese mar, sigo viendo esa alma *profunda y oscura* que Serrat me enseñó cuando yo era un niño que vivía en la selva, veo ese mar con la mirada que él me regaló, con todo y que hace más de veinte años que vivo en Barcelona, frente a ese mismo mar.

12

A la dificultad orográfica que se imponía entre nosotros y los discos de Serrat hay que sumar las chapuzas de la industria disquera nacional; eran los años setenta y México vivía al margen de los conciertos de las grandes bandas del rock, porque algún genio de la psicología juvenil, con credencial del PRI, había dictaminado que los conciertos masivos eran la mismísima semilla de la revolución. Seguramente en los conciertos de Serrat, que sí estaban permitidos, había más líneas subversivas en español que en uno de, por ejemplo, Deep Purple, que estaba prohibido y además cantaban en inglés, una lengua que la mayoría no entendía.

Los discos serios de rock se vendían en un par de tiendas clandestinas de la Ciudad de México, había un surtido modesto y podían encargarse álbumes que el dueño de la tienda o alguno de sus primos compraban en Estados Unidos o en Londres y los introducían de contrabando al territorio nacional, en el fondo de una maleta, camuflados entre las camisetas y los calzoncillos. La industria disquera sólo editaba grupos del *mainstream*, y no todos: algunas cosas de los Rolling Stones, una antología de Jethro Tull, que era la contracción de los dos volúmenes originales que circulaban en el resto del mundo, y una joya incuestionable, *Recorded Live*, de Ten Years After, un álbum tremendo con el que terminábamos, ya cuando éramos jóvenes y vivíamos en la Ciudad de México, todas las fiestas. Aquel álbum se vendía en las tiendas departamentales, donde también se vendían los discos de Serrat. Una vez, años más tarde, curioseaba yo en los exhibidores de Tower Records, en Nueva York, cuando me encontré el *Recorded Live* de Ten Years After y descubrí, con un asombro que paulatinamente fue convirtiéndose en el proyecto de ir a prenderle fuego a la compañía disquera mexicana, que era un álbum doble, de dos acetatos, que en mi versión mexicana tenía un solo disco, pero no una antología del disco 1 y el disco 2, como la de Jethro Tull, simplemente habían omitido el disco 2.

Los álbumes de Serrat circulaban, en esos años, como todos los demás, en medio del caos de la industria discográfica, cuyos ecos llegaban hasta los portales de Córdoba, el pueblo que estaba más cerca de La Portuguesa. En los portales, donde se sirve el menjul, una versión selvática del mintjulep francés que con un solo trago te emborracha y con tres o cuatro te deja enfilado rumbo al coma etílico, estaba la tienda de la prensa, donde se vendían periódicos y revistas y, cuando llegaban de la capital, algunos discos de factura evidentemente pirata. Ahí compré el álbum que Serrat hizo con los poemas de Miguel Hernández y que escuché hasta su desintegración y el de *Canción infantil*, con esa cubierta de tono solferino que tiene la foto de Serrat saturada de negros, que no conocí hasta muchos años después porque mi disco, comprado en los portales de Córdoba, venía enfundado en un empaque de cartón crudo, sin más tipografía que la del dependiente, o la del traficante, que había escrito, con un marcador negro y de su puño y letra: «Canción infantil / Juan Manuel Serrat».

El pirataje era en esa época una rama tolerada de la edición, no sólo en la música, también en los libros; había una casa editorial afincada en Puebla que reeditaba en México los libros que editaba Carlos Barral en España, sin avisarle ni, desde luego, pagarle los derechos.

El álbum *1978* de Serrat, intoxicado por el ambiente que generaba tanta chapuza y tanto pirataje, lo medio robé del supermercado Gigante, con un sofisticado método basado en la observación y en el control tan laxo de la mercancía que tenían entonces los comercios. El disco se pagaba, supongo que por puro mimetismo, en la caja de los productos electrónicos; ahí una señorita metía el disco en una bolsa de plástico que engrapaba con el ticket y luego ponía más grapas para que el cliente no metiera más productos en esa bolsa que se presentaba en la caja general, antes de salir del súper. Pues yo compré un disco cualquiera, que costaba la mitad que el de Serrat, lo pagué en la caja de los productos electrónicos y, antes de pasar por la caja general, hice una escala en los discos y ahí quité disimuladamente las grapas, con un instrumento *ad hoc* que llevaba en el bolsillo, saqué el disco que había comprado y en su lugar metí el *1978* de Serrat y engrapé la bolsa, con el mismo ticket, con la engrapadora que llevaba en el otro bolsillo; luego pasé por la caja general y salí con mi disco a mitad de precio sin pagar mi otra mitad, por eso fue un medio robo. Aquel álbum me pareció una obra sublime que tenía el placentero añadido de la media puñalada que le había clavado a la industria disquera mexicana, me parecía que en algunas canciones la poética de Serrat había alcanzado una nueva cima, la soberbia sencillez de «A una encina verde», la oscura sociología de «Tordos y caracoles», aspectadas por la épica de «Por las paredes» y «Luna de día», «¿a dónde vas negando el sol?».

13

Llamé a mi padre para pedirle ayuda con la flora de esa zona de la sierra de Veracruz, que conoce perfectamente. Hicimos una videollamada por el teléfono de mi madre. Les conté a los dos, porque mi madre además de poner su teléfono se puso ella en primera línea y borró a mi padre de la pantalla, de lo que estábamos escribiendo Serrat y yo. Hice una suma ejecutiva de la canción, se trata de una reina indígena que se desplaza, cobijada por una nube de pájaros, por la selva de La Portuguesa, y quisiera saber los nombres de los árboles y las flores que hay por ahí. Mientras contaba de qué iba, más o menos, la canción recordaba «el salvaje gladiolo», *le glaïeul fauve*, de un florido poema de Stéphane Mallarmé donde también comparecen *ce divin laurier*, «ese divino laurel», *l'hyacinthe*, el jacinto, y los lirios, *des lys*, con su «blancor sollozante». Mi padre soltó algunos nombres que anoté, mi madre confirmó el tabachín, que añadí a la lista, y al final pregunté por la existencia del abedul.

Al día siguiente escribí un mail a Serrat:

He llamado a mi padre y me ha dicho que sí hay abedules en la selva de Veracruz, un poco más hacia Orizaba, que crecen a partir de los 1000 metros de altitud, y nuestra reina, que vive a la

altitud del cafetal, se bambolea entre los 850 y los 900. Adelante con el abedul azul.
Abrazo.
J.

Enviat des del meu portàtil
@jsolerescritor

Serrat respondió:

Viva la diversidad de la flora jarocha!!!!
Seguimos adelante.
JM

Con el tema del abedul resuelto, y el pirul debidamente defenestrado, seguimos trabajando en la canción. Yo trataba de encorsetar la materia con la ecuación que funcionaba mejor, 4 versos-6 versos-estribillo × 2. Unos días más tarde, Serrat envió unos versos ya propiamente cancionificados. Escribió en un mail:

Qué te parece este estribillo:

Traigan plumas de tucanes
y de guacamayas
y de colibríes,
plumas de cotorras
y de xirimicuiles.

Que la reina de la selva
tiene un antojo:
una capa de plumas
de pájaros amarillos,
azules, verdes y rojos.

El estribillo me encantó, me levanté entusiasmado de mi silla y aplaudí frente a la pantalla, esa ráfaga de colores con la que termina me pareció perfecta, daban ganas de ponerse a cantar y además ilustraba la viveza que hay en aquella selva. Escribí a Serrat inmediatamente:

Me parece cojonudo, el antojo (que se cumple, como es el caso) es el fundamento de la aristocracia en la selva; se adopta, se añade, muy bien, seguimos...

Enviat des del meu portàtil
@jsolerescritor

14

De los álbumes *Res no és mesquí* y *Fa vint anys que tinc vint anys* encargué la edición española en Hip 70, una de esas tiendas semiclandestinas con discos de contrabando en la que ya me habían conseguido *Welcome to the canteen* de Traffic, *Blood on the tracks* de Bob Dylan y *Songs of Leonard Cohen*, que en México era un ilustre desconocido. Leonard ¿qué?, me había preguntado el de la tienda cuando apuntaba mi pedido, antes de exigirme el cincuenta por ciento del valor del disco, que era una cantidad nada modesta que uno daba más o menos atemorizado, porque de no completarse con éxito la operación no habría manera de recuperar el dinero. Hip 70 era un comercio venerable que funcionaba en la frontera de la ley, lo custodiaban unos viejos jipis facinerosos y mientras revisabas la mercancía dos monstruosos perros dóberman te rondaban, te echaban el aliento en las corvas y en las verijas y te dejaban manchones de babas en el pantalón, de manera que si la operación no tenía éxito más valía asumir la pérdida, que era una opción menos gravosa que la violenta represalia que hubiera acarreado la reclamación. Por otra parte, más allá de las especificidades de aquel negocio, en esos años el consumidor mexicano no tenía absolutamente ningún derecho: si comprabas una camisa y te venía rota o una máquina de escribir con las teclas encalladas, no había forma de reclamar nada, mala suerte, te decía el dependiente, ¿qué quiere que haga? Al final la compra del disco salió bien, con un modesto retraso de mes y medio (el de Cohen se había retrasado seis meses) me entregaron, en un alijo que hubiera despertado las sospechas de la policía antinarcóticos, *Res no és mesquí* y *Fa vint anys que tinc vint anys*, mis dos flamantes álbumes de Serrat. La espera que antecedía el acto de sentarte a escuchar un disco esponjaba el placer del acto, el deseo largamente pospuesto, la continua anticipación de lo que íbamos a oír cuando por fin lo tuviéramos. Eran elementos que se añadían a la experiencia y que hoy nos escatima la inmediatez con la que podemos conseguir cualquier álbum o canción. Yo era entonces, como ya he dicho antes, un joven rockero que oía exclusivamente música en inglés, que militaba contra la música disco y contra las canciones en español, contra esas baladas melifluas y cursis que abarrotaban las estaciones de radio, en el reino de la música estaba en contra de todo lo que no era rock en inglés con la vistosa excepción de los discos de Joan Manuel Serrat, que eran otra cosa, eran poesía y también eran la tabla de salvación a la que mi familia, esa tribu de catalanes mustios y apaleados por el exilio, se había agarrado ardorosamente; los discos de Serrat eran nuestro *axis mundi* y nuestro *omphalós*, y eso los situaba más allá de los géneros, Serrat era otra cosa y en mi cosmogonía rockera ocupaba el lugar de la rareza, de la singularidad que certifica a todos los demás. Cuando yo estudiaba la secundaria, en ese colegio criptofascista en el que nos inscribió mi abuelo, llevaba una mochila en la que había pintado los logotipos de las bandas que amaba, Led Zeppelin, Traffic, Ten Years After, Genesis, David Bowie, Leonard Cohen, y, en medio de aquel paisaje, que parecía la campiña inglesa, estaba el nombre de Joan Manuel Serrat, que yo defendía fieramente de los ataques de los rockeros más recalcitrantes que sostenían que eso no era rock; ya lo sé, decía yo, no es rock, es Serrat, no entiendes nada, ¡pendejo!

15

Una vez, con unos amigos, a principios de los ochenta, en una época que discurría entre los álbumes *En tránsito* y *Cada loco con su tema*, armamos unos bafles enormes, de metro y medio de altura, con unas láminas de triplay, y conseguimos dos tornamesas, una mezcladora, y montamos un negocito de musicalizar fiestorros, aprovechando las colecciones de discos que tenía cada quien, con el apoyo de la discografía de música disco, que era lo que el cliente normalmente quería oír en su fiesta, que proveía la novia de uno de los socios. El trabajo del DJ en aquellos años era bastante ingrato: montabas tu tinglado en el rincón de un patio atiborrado de cuerpos culebreantes, que iban sirviéndose un vaso, de plástico blanco, tras otro, del coctel, algún alcohol de gradaje majadero con algún líquido dulzón, que contenía una enorme olla de la que los culebreantes se servían con la ayuda de un cucharón de sopa. A mí el cucharón de sopa se me quedó asociado al lechero de La Portuguesa, aquel enano que lo portaba en el cinturón, como la espada de un esgrimista. La gente en aquellas fiestas bailaba y bebía alrededor del DJ, que también bebía y medio bailaba, y además todos fumaban y arrimaban peligrosamente la brasa del cigarro a los discos, que recibían enviones de ceniza pero también goterones del coctel dulzón, moronas de galleta o de sándwich de paté, ligas para el pelo, envolturas de chicle o de pastillas Certs de menta, y una noche, no sé cómo, apareció un condón, ya utilizado y prensado entre los discos de Donna Summer y de Sylvester, piezas que teníamos que programar por contrato, verbal eso sí, pero que íbamos mañosamente campechaneando; después de un Tavares y un Teri De Sario, venía un contundente «Paranoid», de Black Sabbath, y, ante la reclamación del cliente, ¡quita eso!, ¡no mames!, ¡estás asustando a las muchachas!, ¡ya despertaste a mi tía Yolanda!, el flujo musical reculaba hacia el júbilo naranjoso de los Bee Gees. Así se iba trenzando la noche, unas de cal y de pronto, toma, una de arena, y conforme avanzaba la fiesta, y los vasos del ponche majadero, iban siendo más las de arena que las de cal y los reclamos del cliente iban adquiriendo un *crescendo* esplendoroso y, ya cuando no se podía más, cuando el forcejeo cruzaba la línea roja del ¡si me pones otra chingadera de esas no te pago!, entonces llegaba el momento de recoger nuestros bártulos e irnos, con nuestros discos, a otra parte. Al final algo pagaban, no todo, porque el desacato era mayúsculo. Aquel axioma de «el cliente siempre tiene la razón» había volado en pedazos desde el principio de la fiesta, y no quedaba más que retirarse, medio borrachos y a veces hasta con alguna grupi de esas que, a falta de estrellas del rock de verdad, se conformaban con el que ponía los discos. Pero, sobre todo, el final final de todo aquello que cuando no acababa mal acababa peor era la canción que, con la complicidad de Roberto, el otro sufrido DJ, ponía en la tornamesa, a veces era «Saps», a veces, «Amigo mío», a veces, «Irene» y otras, «Tu nombre me sabe a yerba», en una versión en directo que nos encantaba. Y en ese momento, a pesar de que ya nos habían echado, y de que esa canción era otro desacato y una provocación en toda regla, nadie se quejaba. Con las canciones de Serrat nadie se atrevía a protestar, nadie quería quedar como un guarro, como un ignorante o como un insensible.

16

Le he metido mano a la segunda parte, la primera ya la siento más encaminada; a ver qué te parece, falta afinar, desde luego.
Abrazo.

Enviat des del meu portàtil
@jsolerescritor

En el *attachment* colgué esta versión tentativa del final, para ir abriendo camino y estableciendo el bloque en el que tendríamos que ponernos a esculpir:

A la mañana siguiente,
el xoconaztli reprendió
al caimán violentamente,
no se lleven nuestras plumas,
la reina tendrá su capa
cuando se oculte la luna.

Y desde entonces la reina
se desplaza por la selva
envuelta y arrebujada
por una nube formada
de gráciles colibríes,
de lacios xirimicuiles
y de otros pájaros raros
serviciales y gentiles.

El bloque evitaba, momentáneamente, a los xirimicuatícuaros y, sobre todo, a los xirimiticuaticolorodícuaros. Empezaba a agobiarme la longitud de estos pájaros, el día anterior Serrat los había cantado, para probar cómo volaban dentro de la canción, y a la hora de cantar al más largo de los primos tuvo que gestionar una cantidad de aire que a mí me pareció muy gravosa. ¿Y podrás cantar eso después de haber cantado toda la canción?, pregunté desde mi ignorancia, porque lo que hace un cantante es, precisamente, capotear ese tipo de pajarazos. Serrat no le dio importancia a mi agobio, pero yo insistí proponiendo que podíamos suprimir a los xirimicuatícuaros y a los xirimiticuaticolorodícuaros, dejar sólo a los más aerodinámicos y lacios xirimicuiles. No, hombre, no, dijo Serrat, y añadió que no podíamos suprimir a ninguno de los pájaros, que eran el origen de la canción, ni más ni menos. Yo todavía insistí, propuse que los xirimicuatícuaros y los xirimiticuaticolorodícuaros eran, desde luego, el origen de la canción, pero que no por eso tenían que llegar hasta el final, son parte del armazón del edificio, dije, una vez que se aguanta sola la estructura, se retiran los xirimicuatícuaros y los xirimiticuaticolorodícuaros para que quede, en su solitario esplendor, el práctico xirimicuil. A Serrat no lo convenció mi escapada hacia la albañilería y al día siguiente envió un mail que indicaba a las claras su rechazo a mi solución; mientras que yo quería escapar del xirimicuatícuaro y del xirimiticuaticolorodícuaro, él redoblaba la apuesta y proponía dos tazas de esos pájaros que para mí ya se habían vuelto molestos y enfadosos. Ya sé que yo los inventé, dije en algún momento, pero toma en cuenta el contexto de la novela, el príncipe Grau Moctezuma avista esos pájaros después de haberse fumado dos pipas enormes de mariguana. El mail de Serrat decía así:

Amigo y coautor Soler:
Necesitaría que consultara con sus fuentes cercanas o no la existencia en los territorios de Veracruz de este listado de aves que le adjunto.
Es importante para una posible y curiosa solución del final de la canción.
Esperando la victoria azulgrana esta tarde.
Gracias.

Oropéndolas
Calandrias
Chipes
Garzas
Palomas
Carpinteros
Cardenales
Papamoscas
Semilleros
Charranes
Coas
Zanates
Pinzones
Loros
Tangaras
Luisitos
Luis bienteveos
Jilgueros
Pirangas

Picochuecos
Picogordos
Alondras
Tordos
Azulejos

Observé que en la lista había varios pájaros que habían volado ya, en diversos álbumes, por otras canciones de Serrat, y me alegró que añadiéramos elementos a la ornitología de su obra, como también lo estábamos haciendo con la botánica; ya vendrá, pensé, un estudioso del futuro a presentarnos un ensayo sobre los discos de Serrat a la luz de sus pájaros, de sus flores y de sus árboles. Pensé en la *garsa, el crit d'una garsa*, que aparece en «Canço de matinada», esa que canturreaba yo de niño por los meandros y los vericuetos de la selva y que produjo en su tiempo una confusión, y una viscosa discusión, pues la *garsa* en catalán es la urraca en español. Me pareció bien que la lista de Serrat incluyera a la garza, y no a la *garsa*, que ya tenía su canción, así como pasaba también con *els falziots*, los vencejos que vuelan en otra de sus canciones, un poco en plan de polizones del paisaje, *que volin els falziots, no vol dir que / s'ha de girar Garbí / aquest capvespre.*

17

El negocio de musicalizar fiestas quebró, como era de esperarse, y nos quedamos con los bafles enormes, el amplificador y una de las tornamesas; el resto del equipo se le devolvió puntualmente a Manolín, el niño rico del barrio que, con tal de congraciarse con nosotros, que además de DJ éramos los gamberros que lo defendíamos cuando hacía falta, era capaz de saquear la casa de sus padres, en ese caso para poner el equipo electrónico que nos faltaba, y en otros aportaba botellas de whisky del bueno, habanos de los que, según decía, fumaba Fidel Castro y hasta un traje oscuro que sustrajo del repertorio de su papá y que usé en alguna fiesta de postín. Con Roberto, el otro DJ, estábamos hablando todo el tiempo de Serrat, de versos que habíamos descubierto, planteábamos exégesis locas de sus canciones, las reinterpretábamos, montábamos teorías descabelladas e intercambiábamos casetes en los que proponíamos otro orden para sus canciones, especulábamos e imaginábamos, que era lo que se hacía en aquel mundo anterior a Google. Un día, un amigo ofreció la casa que tenían sus padres en Cuernavaca, sin sus padres, por supuesto, para que desempolváramos los bafles, la tornamesa y el amplificador, en una sesión gourmet para oír discos a buen volumen y beber algo, y sin medida, alrededor de la piscina. El proyecto certificaba la ruina del negocio, una vez muerto el filón lucrativo de los aparatos nos quedaba el gozo, nada nimio, de poner música como si estuviéramos en una fiesta. Nos acomodamos en el coche del Checo, todo un anagrama, que era de un raro modelo que triunfaba en México a finales de los años setenta, un Pacer, una cosa entre automóvil, batracio y platillo volador, una suerte de pambazo color amarillo huevo, con un amplio interior debido a sus esquinas redondeadas, en el que nos apretujamos cinco individuos con los dos bafles, uno en el maletero y otro sobre los muslos, como un ataúd, más cuatro guacales de discos con una sección, claro, de la obra de Serrat, y así nos fuimos a la carretera. De doce del día a diez de la noche sonaron, a gran volumen, todos los hits rockeros habidos y por haber y luego Roberto y yo pasamos a poner los discos de Serrat, en una fase más moderada de la sesión que, poco a poco, fue encrespándose; comenzamos a cantar las canciones que el maestro cantaba en el disco, primero con mesura y cierta circunspección pero, a medida que iban desfilando los hits, la cosa empezó a animarse, tanto que se nos ocurrió, seguramente inspirados por los tragos que ya llevábamos bebidos, inmortalizarnos cantando a Serrat, en una grabadora que tenían ahí los padres de nuestro amigo y en unos casetes donde había varias óperas que borramos para grabar las obras completas de Serrat, interpretadas sentidamente por nosotros, un disco tras otro, en un registro que iba del murmullo suave y atmosférico al aullido descarnado del coyote.

18

Llamó Serrat para comentar la canción y concluimos que la pesquisa en la manigua debía crecer y que sobraba una de las voces de la reina de la selva; quitamos la *voz de agua celeste* y sólo dejamos la *voz de agua profunda*. Propuse ajustar la jerarquización de los elementos para que la letra fuera más de prisa, aunque quizá lo que deberíamos lograr, le dije a Serrat, es que vuele como un xirimicuil. Él dijo que hacía falta más maleza y que había que apretar un poco más la métrica, que yo había dejado medio laxa para robustecerla más tarde, a la hora de cantarla. Quedamos en que haría las correcciones y se las enviaría por mail. Durante la conversación se había colado el ambiente en el que estaba yo inmerso, los ruidos de la cocina, el filo del cuchillo contra la tabla de cortar, el chispazo ametrallante del fogón y mi hija Laia preguntando, desde el sillón en el que estaba leyendo un libro, que a qué hora estaría la cena, todo eso se oía de fondo mientras hablábamos. ¿Qué vas a hacer de cenar?, preguntó Serrat. Le dije que unas quesadillas, un platillo mexicano que conoce perfectamente, como conoce los platillos autóctonos de cada ciudad, pueblo o caserío en el que alguna vez ha dado un concierto, lo sé porque un día me contó, mientras liquidábamos un bicho marino en un prestigioso restaurante, que uno de sus grandes estímulos cuando andaba de gira eran las delicias que iba comiendo entre un concierto y otro, *jo faig les gires pel menjar*, dijo mientras partía la manaza de un bogavante. Después, al tanto de su conocimiento de la gastronomía vernácula, aclaré que en realidad no eran quesadillas sino burras, que además de queso llevan jamón. Luego comentamos que quizá sería mejor juntarnos para trabajar en la canción, sentarnos en la terraza, propuse, con unos vinos que nos pusieran en un estado entre poético y filosofal y de ahí fuimos cayendo, de manera imperceptible, hacia el partido de tenis que él sabía que yo había jugado en la mañana, porque se lo había contado el día anterior, y así fuimos llegando a la pregunta que no quería que me hiciera y que, por supuesto, me hizo: ¿le has ganado a Pati?, preguntó. Le dije que no, que había vuelto a perder, que no había forma de ganarle pero que era por el talento de ella y no tanto por incapacidad mía, y añadí que le ganaba partidos a Joan, a Lluís, a Alberto, a Marcelo, pero que Pati era otra cosa; es Muguruza, ya te lo dije el otro día, le recordé. Dos días más tarde le envié un mail con las modificaciones que habíamos acordado:

> *Querido Serrat:*
> *Aquí voy con otra vuelta, que a veces pasa por el mismo sitio.*
> *Abrazos.*
> *Jordi*

> *Plumas de tucanes*
> *y de guacamayas,*
> *de cotorras del oriente,*
> *ordenó la reina*

*de la selva urgentemente
al jaguar y a la serpiente,
al tigrillo y los caimanes,
a la diosa de la lluvia
y al señor de los volcanes:
plumas de xirimicuiles
y plumas de periquitos,
ordenó la reina,
imperativa y rotunda
con su voz de agua profunda;
revisar en la manigua
entre las gardenias
y las camelinas,
en las ramas de las ceibas,
de los tabachines
y de las palmeras.
Cuando el sol se había perdido
más allá de las montañas
salieron en desbandada
por los pájaros dormidos
en las ramas de los jobos,
en las de los lacocotes,
los tepehuajes, los chopos.*

*Y la reina de la selva,
con su tocado de orquídeas
y sus magnolias agrestes,
quiere una capa de plumas
de pájaros rojos y verdes,
amarillos y celestes.*

Enviat des del meu Yahoo Mail para iPad

19

En los años ochenta del siglo pasado, cuando comencé a escribir una columna semanal en el suplemento de cultura del diario *Excélsior*, decidí que aprovecharía mi estatus periodístico para entrevistar a Joan Manuel Serrat. Las entrevistas no eran, ni lo han sido nunca, mi especialidad; en mi columna especulaba, filosofaba y hasta deliraba sobre mis lecturas, novelas, ensayos, libros de poesía, y con esa misma perspectiva a veces hablaba de películas o de algún disco, casi siempre de rock, que ofreciera asideros para esa especulación, de manera que una sabrosa plática con Serrat, anclada a la multitud de referentes literarios que atraviesan su obra, parecía la materia perfecta para una de mis columnas. Me puse en contacto con su compañía disquera, expliqué mi proyecto y prometieron avisarme cuando Serrat, con motivo de un nuevo álbum o de una serie de conciertos, apareciera en México. Meses más tarde, como Serrat ni aparecía ni había planes de un viaje a México en el horizonte, reduje mi petición y propuse una llamada telefónica, que me parecía un poco frustrante, porque yo lo que quería era sentarme a conversar con él en una mesa, pero era mejor que nada, que no hablar con él después de haberlo oído tanto. El caso es que nunca logré conversar con él ni, consecuentemente, escribir mi pieza en el diario *Excélsior*, Serrat apareció en México alguna vez con motivo de un concierto, pero toda su agenda se concentró en la prensa del espectáculo, donde mi columna, delirante y especulativa, no tenía ninguna oportunidad, así que, para paliar mi frustración, hice una especie de crónica sentimental del concierto, al que asistí por mi cuenta, debidamente atornillada con alguna lectura, como haría varias veces después en *Excélsior*, y luego, en años posteriores, en *La Jornada* y en *Reforma*, los diarios en los que mi columna fue recalando, antes de mudarme a Irlanda, en el año 2001. Pero antes, en el año 1984, me parece, cuando todavía escribía en *Excélsior*, empecé a hacer un programa de radio, en una famosa estación, que muy pronto ganó cierto prestigio y me colocó en una posición más ventajosa para solicitar, a la compañía disquera, una conversación con Serrat que se transmitiría por radio y simultáneamente se publicaría en *Excélsior*. Esto era lo que ofrecía yo a cambio de esa conversación que no llegaba nunca. Durante esos años, en los que además de mi programa fui expandiéndome hacia el área ejecutiva de la estación de radio, entrevisté a todos los músicos de rock de la época, desde el ya decadente Eric Burdon, al que de sus Animals ya sólo le quedaba el aspecto de un perrito pachón, hasta Radiohead, Eric Clapton y los Rolling Stones, y de los músicos en nuestra lengua entrevisté también a todos, de Sabina a Santiago Auserón y a Bunbury y a Cerati, y, en una veleidad de línea mórbida, entrevisté a Raphael, que me contó cómo había llevado a los Beatles a tocar a España y, cuando le pregunté por las drogas que, yo suponía, habrían compartido, me dijo que la cosa no había pasado del vino tinto. A lo largo de ese periodo radiofónico, que duró varios años, insistí, con los jefazos de la compañía disquera, en mi conversación con Joan Manuel Serrat; si ya he entrevistado a Mick Jagger y a Bono, ¿por qué no puedo entrevistar a Serrat?, me quejé alguna vez, y, con ese mismo argumento, insistía con otro jefazo de otra compañía para que me consiguiera una entrevista con Leonard Cohen, una cosa complicada porque en esa época Cohen llevaba tiempo encerrado en un monasterio, perdido, para el mundo de la música y por supuesto para mí, en las montañas de California. Como la conversación tardaba en llegar, llevaba ya varios años de retraso, un día me llegó uno de los jefes de la compañía con el regalo de la obra completa de Serrat, grabada en CD, lo cual era entonces una vistosa novedad, casi un mensaje del futuro, y yo recibí aquel regalo con un sentimiento ambiguo; me encantó la colección, pero también la vi como el paliativo que me daban al no poderme conseguir la cosa real, y además ese regalo tan contundente me puso a pensar en las dificultades que habíamos pasado, cuando yo era un niño, para conseguir cada disco de Serrat y ahora, unos años después, me llegaba toda su obra con una facilidad desconcertante. La sensación era parecida a la que tuve más tarde con la obra de Von Biber, un músico barroco, austrohúngaro, que me encanta y cuya obra estuve consiguiendo durante años en tiendas de discos, en diversas ciudades y países, y online ya en la era de la Internet, y así conseguí una honrosa colección, en varios formatos, ninguno tan pintoresco como las piezas pirata de Serrat, hasta que un día, buscando a Von Biber en Spotify, encontré todos los discos que tan trabajosamente había ido coleccionando durante años, estaban ahí a mi disposición, no hacía falta más que un clic para acceder a toda su obra. Y lo mismo me pasó con las películas de Éric Rohmer, que fui comprando en un montón de DVD que sigo teniendo ahí, como los adustos embajadores de otra época, cuando la plataforma Filmin ya te ofrece toda la obra del maestro francés. El caso es que aquella anhelada conversación con Joan Manuel Serrat quedó reducida a la caja de su obra completa, en CD, que me regaló su compañía disquera. Nunca, en todos los años que pasé en la radio, conseguí entrevistar a Serrat, ni siquiera conseguí que me invitaran al *backstage*, después de alguno de sus conciertos, para saludarlo: nada de nada.

20

Durante los años dorados del Barça, en los juegos de la Champions, me encontraba con Serrat en unos saraos que organizaba Joan Gràcia, de la compañía de teatro Tricicle, en un piso modernista de grandes dimensiones. Ahí veíamos el partido, en formato tumultuoso, y luego cenábamos en una mesa larga donde la conversación iba pasando del futbol, con buen talante, pues todos éramos herméticamente culés, a la política catalana, un tema más espinoso que en esa época ya empezaba a enfilarse hacia el independentismo. Serrat asistía con esa vieja bufanda que lleva al estadio desde hace décadas, una prenda mágica que cuando está en el entorno, o sea, en su cuello, hace que el triunfo de nuestro equipo parezca más factible. Para entonces yo llevaba ya algunos años viviendo en Barcelona y había logrado interaccionar, en distintos grados, con la santísima trinidad de juanes que me acompañó durante mi infancia en La Portuguesa. La interacción con Cruyff fue la más etérea; lo veía, de lejos, cuando iba al Camp Nou, invitado por mi primo Xavier, que tiene unos asientos al lado del palco presidencial, donde el astro holandés tenía su lugar vitalicio. Aquellos avistamientos, que algunas veces se redondearon con un buenas noches fugaz, fueron a cristalizar en un raro episodio, tan raro y distante como la relación que había tenido siempre con él. Durante años nos había separado el océano Atlántico y ahora nos separaban unas cuantas butacas, estábamos más cerca, pero separados al fin. Una tarde azul de octubre, en una larga y exuberante conversación de sobremesa, mi amigo Javier, que era médico en la clínica Teknon, me contó que Johan Cruyff había pasado por su consulta. Yo me quedé mudo, inmóvil, con un vaso de whisky en la mano, aturdido por la algarada de pensamientos que me asaltó y por las cosas que quería decir y no dije. Javier siguió contándome que le había hablado a Cruyff del capítulo de mi novela *La última hora del último día*, donde aparece su autógrafo en mi habitación de La Portuguesa y él mismo en una fotografía de periódico en blanco y negro, cuidadosamente enmarcada, y en la pantalla de televisión en el Mundial del 74. Después Javier me dijo que había comprado un ejemplar de mi libro para regalárselo a Cruyff y que, si no me importaba, le escribiera una dedicatoria. Y dicho esto, fue a buscar el libro, y mientras, yo trataba de digerir aquel portento del azar, aquella obra maestra de la casualidad, aquel círculo perfecto que empezaba con su firma, que había llegado hacía treinta y tantos años a un caserío perdido de Veracruz, y terminaba con la mía, en una mesa de Barcelona. Javier me puso enfrente el libro y me dio un bolígrafo y yo escribí: «A Johan Cruyff, con la admiración de su forofo de ultramar». Y firmé con mi nombre.

Con Juan Marsé, el otro Juan de mi santísima trinidad, me fui encontrando, naturalmente, en los eventos de nuestro gremio, presentaciones, brindis, tertulias, y con frecuencia coincidíamos en Il Giardinetto, el restaurante donde como, y a veces ceno, desde que vivo en Barcelona. La conversación que tenía con Marsé terminaba siempre recalando en algún wéstern, un género que le encantaba y que yo desconocía por haber crecido en México, donde John Wayne y Henry Fonda fueron sustituidos por Pedro Infante y Luis Aguilar, y John Ford, por el Indio Fernández. Por Marsé me aficioné al wéstern y, a lo largo de esos años, fuimos intercambiando información y recomendándonos las películas que servían como dispositivo pedagógico para educar, yo a mis hijos y él a su nieto, pues yo, inspirado por su sabiduría cinematográfica, propuse un programa educativo de wésterns a mis hijos. Me quedaba claro que esas películas que me enseñó Marsé, de argumentos básicos y personajes arquetípicos, son un instrumento impagable para el escarceo moral de un niño, invitan al padre a explicar la enemistad entre los indios y los vaqueros, el abuso, el rencor, la venganza, el empecinamiento y la resistencia en el desierto bajo el sol canicular; la vida precaria, la vida a salto de mata, la supervivencia en el mundo salvaje, pero también la solidaridad, la nobleza y el espíritu de sacrificio, y además esa sociedad, conmovedora y atávica, que hay entre el hombre y su caballo. Cuando salíamos del Giardinetto, o a veces de un restaurante argentino que estaba más abajo, en la Gran Via, subíamos andando y conversando, casi siempre destripando algún episodio del viejo Oeste, mientras la noche fresca de Barcelona se llevaba el fantasma del último whisky.

21

Compañero y coautor:
He hablado con nuestro asesor, que ha manifestado su entusiasmo por la cola amarilla de las oropéndolas, ha elogiado a los zanates, que son los pichos de mi infancia, y se ha quedado mudo ante los siguientes pájaros (nunca había oído esos nombres, dijo): chipes, papamoscas, semilleros (vaya nombre, dice, cualquier pájaro come semillas), coas, tangaras, luisitos y luis bienteveos, pirangas, picochuecos y picogordos; el resto sí existe en la selva de la reina. Ahora, si la solución del final pasa por uno de los inventados, yo, como asesor de la fauna ficticia y padre del xirimicuatícuaro, te animo a ponerlo en la canción.
Abraçada i visca el Barça.
J.

Enviat des del meu Yahoo Mail para iPad

Nuestra canción me hizo pensar en el wren, el rey de los pájaros del que habla Eliot Weinberger en uno de sus ensayos. Según él, en las islas británicas hay veinte millones de wrens, si matas uno contraes una racha de mala suerte que puede llevarte a que te rompas un hueso o a que te caiga un rayo encima, y, si lo matas a mano limpia, enseguida se te caen los dedos, y si tienes vacas, la leche que recojas saldrá con sangre. Quizá el lechero de La Portuguesa había matado un wren, uno que habría emigrado de Irlanda a la selva de Veracruz, porque a veces la leche, decían las criadas, tenía una gota de sangre.

Le conté esto a Laia, mi hija, cuando le hablaba de los pájaros de la canción, porque me había preguntado que si avanzaba eso que estaba escribiendo con Serrat y de lo que ella, de manera irremediable e involuntaria, se iba enterando, pues ya he dicho que mi gabinete está al lado de su habitación y las conversaciones con mi amigo y coautor llegaban invariablemente a las carcajadas. Íbamos en el coche rumbo al Liceo Francés, sosteniendo esa charla de corte psicoanalítico que teníamos cada mañana, viendo hacia el frente y sin mirarnos a los ojos, como si estuviéramos en el diván. Estoy pensando en escribir un libro sobre la forma en que vamos componiendo la canción, le dije, y ella me preguntó que si estaba seguro de que ese libro iba a interesarle a alguien. No lo sé, respondí, pero he ido contándolo por ahí, a editores con los que tengo conversación y a colegas, y ninguno ha tratado de disuadirme; no lo sé, ya veremos.

La lista de pájaros que hizo Serrat para la canción, donde desde luego no aparecía el wren veracruzano, ni la *garsa* ni el *falziot*, además de que iba a servirnos como un ejército de comodines que podíamos aplicar en los versos despoblados, o como el eje o punto de fuga de alguna transición, me sirvió para la novela que estaba escribiendo en ese momento, *En el reino del toro sagrado*, en esas páginas quedaran atrapados, aunque volando sin parar, algunos de los pájaros que había avistado Serrat. Lo de atrapados es un decir, porque basta abrir el libro, y pasar los ojos por sus nombres, para que queden inmediatamente en libertad. Por otra parte, la lista de árboles que yo había hecho para la selva que estaba escribiendo en la novela se iba colando en la botánica de la canción. En esos días iba yo de una selva a la otra y algo de la majestuosidad con que la reina se desplazaba, envuelta en su nube de pájaros, se le contagió a la bella Artemisa, la protagonista de la novela, que en cuanto se pone a caminar por la calle del pueblo la gente se quita para no estorbarla y algunos hombres se arrodillan, se arrastran cerca de sus botas para que los toque, siquiera, el polvo que ella levanta y los polinice, los invada, los ocupe, y, cuando Artemisa llega a la manigua, la flora completa se abre, se hace un surco para que ella pase como pasaron Moisés y los israelitas entre las aguas del mar Rojo. La reina de la selva contaminó a Artemisa sólo en el punto del majestuoso andar, porque luego creció por su cuenta, tiró hacia lo diabólico mientras la reina de la canción se estableció plácidamente en lo bucólico, en lo alegórico y en lo fantasmagórico, pues quienes la veían pasar entre los árboles juraban que se trataba de un espíritu. A estas alturas de la canción, cada vez que repasaba los versos me seguía desconcertando el sustantivo señorío, había pensado que con el tiempo y las lecturas sucesivas se iría asentando pero todavía le seguía viendo el bigote, así que me entregué a su demolición, anoté el pasaje en mi libreta de bolsillo y salí a andar sin rumbo, a darle una vuelta tras otra mientras caminaba, siguiendo la senda del filósofo Nietzsche, que ensayaba el pensamiento caminado cuando era muy rejega la idea que trataba de emplumar. El pasaje que anoté en mi libreta, y que me metí en el bolsillo como hacía con las canciones de Serrat, dice así:

*En las ramas de las ceibas
y los tabachines
viajar hasta los confines
de su señorío,
buscar entre las palmeras
y los abedules.*

Luego de darle muchas vueltas, y de dar muchos pasos, me senté en un banco de la plaça del Diamant, me puse la libreta en el muslo izquierdo y escribí un nuevo sexteto que al día siguiente transcribí en un mail para Serrat:

Bon dia, maestro:
He despertado con la inquietud del «señorío»,
mira:

*En las ramas de las ceibas
y los tabachines
viajar hasta las laderas,
preguntar a los augures,
buscar entre las palmeras
y los abedules.*

Abrazo.
Jordi

Enviat des del meu Yahoo Mail para iPad

22

El acceso a la música en el siglo XXI, como apuntaba antes, es demasiado fácil y seguramente esta facilidad redunda en la forma, compulsiva y a pedazos, en que se escuchan hoy las canciones, no los álbumes completos, que ya no oye nadie. Se ha perdido la ceremonia que hacíamos alrededor de un disco los que venimos del siglo XX; una vez comprado, o medio robado, el álbum, en un proceso que podía complicarse mucho, como contaba más arriba, llegabas a tu casa, quitabas cuidadosamente el celofán que lo envolvía, sacabas la funda que contenía ese dispositivo negro y circular, lo colocabas en la tornamesa, ponías la aguja en los surcos y te sentabas, con un vaso de ginebra en la mano, a escuchar la obra que un grupo de músicos había compuesto para ti. Esta ceremonia tenía también su formato colectivo, cuando un disco era muy deseado en un grupo social y algún afortunado conseguía un ejemplar, nos sentábamos varios a escucharlo, mirando fijamente la tornamesa, como miraban las llamas nuestros ancestros cuando se sentaban alrededor del fuego. Entre la caja con su obra completa en CD que me obsequiaron y la forma rocambolesca en la que nos llegaban las canciones de Serrat a La Portuguesa, hay una tercera vía que se abrió para mí en el siglo XXI, cuando ya vivía yo en Barcelona. En cuanto se publicó mi novela *La última hora del último día*, Serrat propuso un intercambio, mi libro por su álbum *Mô*, que era el más reciente. El intercambio se hizo, él envió el disco a mi casa y yo, habituado a mi relación, digamos, oblicua con sus discos, fui a dejarle mi novela a la oficina que tiene en una calle céntrica de la ciudad, se la entregué al conserje en un sobre con las letras JMS. Desde entonces, aunque no siempre coincide la salida de sus discos con la de mis novelas, sigo yendo, como el peregrino que va a presentar sus respetos al santo de su devoción, a dejar mi tributo en las manos del conserje, y a veces, cuando no hay disco nuevo, el libro se intercambia por dos entradas para el concierto de esa temporada o, como pasó en su última gira, me llamó de México para preguntarme a quién quería que invitáramos a su concierto en el Auditorio Nacional, como habíamos hecho con mis padres años atrás. Le dije que invitáramos a mi hermano Joan y a la nena, mi hermana, y le di el teléfono y otra vez, como en la ocasión anterior, le pedí que me diera media hora para prevenirlos, ¿cómo se llama la nena?, preguntó, María Luisa, le dije. Marqué a mi hermana: nena, te va a llamar Serrat, no le cuelgues, no es una broma, te quiere invitar a su concierto, y a mi hermana, otra forofa del poeta, casi le dio un supiritaco.

El último concierto de la última gira de su carrera, en diciembre de 2022, lo vimos Alexandra y yo desde los asientos, en un lugar privilegiado, que nos regaló; tan privilegiado era que salimos varias veces en la transmisión en directo que hizo TV3, la televisión catalana. Al día siguiente me llamó un colega para preguntarme cómo había hecho para conseguir esos lugares; muy fácil, le dije: Serrat es mi amigo. Así que eres amigo de Serrat, me dijo un día, muy sonriente, Manolo Orantes, el tenista español que ganó el US Open a Jimmy Connors en 1975 y que ahora es el referente del club, donde juego partidos varias veces a la semana, que dirige Miguel Mora y electrifica Pedro, su hijo. Manolo, además de ser una leyenda del tenis, es un hombre generoso e inconcebiblemente modesto que a veces irrumpe en la pista en donde estoy jugando para corregirme un detalle del saque o el apoyo de la pierna en el revés, y otras veces me invita a pelotear con él, lo cual me hace sentir un poco Jimmy Connors, o me pone a jugar con Tomás, una fiera de dieciséis años al que entrena para que sea campeón algún día y frente al cual se esfuma mi pátina del US Open. Aquella vez, Manolo me contó que había coincidido con Serrat, a quien conoce, en un restaurante de la Bonanova, el barrio donde está el club, y que en la charla, no sé con motivo de qué, se habló brevemente de mi persona; esto me lo contó Manolo cuando caminaba yo hacia la pista donde iba a jugar, y a su alrededor estaban los profesores del club, que oyeron el núcleo de esa información, que era, sin ninguna clase de atenuante, que Joan Manuel Serrat es mi amigo, y aquello fue como el galón que desde entonces luzco cuando camino entre las pistas del club.

23

Buenas tardes.
¿Respetas el descanso dominical o puedo llamarte...?
Adjunto documento.
Un abrazo.
JM

Le digo que no, que por supuesto no respeto el descanso dominical, que por no respetar no respeto ni la Navidad y que incluso los 1 de enero se me ve encorvado sobre mi cuaderno, que llame cuando quiera, y enseguida llama. Estoy en Madremanya, en el Empordà, en la casa donde pasamos algunos fines de semana, o puentes, o incluso un par de semanas en julio o en diciembre, una casa que normalmente sería para desconectar, para descansar de la vida estresante de la ciudad, pero a mí es la desconexión lo que me estresa, desconectar ¿de qué?, y en mi caso ¿para qué?, si lo que de verdad me agobia es estar lejos de mi cuaderno; además no ayuda, o ayuda, quizá sería mejor decir, que Alexandra tampoco desconecta mucho, descansa con un ojo puesto en la sierra de Millàs, o en los plantíos de trigo y de avena, y otro en la pantalla en la que vigila el pulso de su empresa. Serrat me cuenta que solía ir mucho a Sant Martí Vell, un pueblo vecino de Madremanya, donde vivía una amiga suya, y yo, para redondear mi protesta contra la desconexión, le digo que en el fondo la vida campirana me produce cierta angustia, seguramente porque nací en La Portuguesa, en la parte rural del mundo, y lo que he hecho desde entonces es escapar de ahí, irme refugiando en una ciudad tras otra, poniéndome a salvo en mi piso con parqué, calefacción y wifi, de los terrores de la selva. Hablamos de esas memorias raras que dejó, o no dejó, Juan Marsé antes de morir, que acabamos de leer los dos y que han causado bastante revuelo porque Juan criticaba, ácidamente y con nombre y apellido, a varios personajes del mundillo literario español. Luego vamos al lío; Serrat le ha dado otra vuelta al boceto, sigue cancionificando los versos. En la primera parte ensaya una dupla muy aguda, que me gusta mucho: *antoja / roja*.

> *Traigan plumas de tucanes*
> *y de guacamayas*
> *y de colibríes.*
> *Plumas de cotorras*
> *y xirimicuiles.*
> *Que a la reina de la selva*
> *se le antoja*
> *un manto de plumas:*
> *amarillas, azules, verdes y rojas.*

Veo que entre el universo de pájaros que vuelan por la canción, los que arrebujan a la reina pero también los que pasan por ahí, ha incluido al tecolote, el búho mexicano, lo cual me parece un gran acierto que tendría que habérseme ocurrido a mí:

*Pero los infames ladrones
fueron sorprendidos
por el tecolote,
que dio la alarma
y despertó a los pájaros.*

*Reina vanidosa,
no nos hurtes el vuelo,
no nos robes el canto,
no te lleves nuestras plumas,
la reina tendrá su manto
cuando se oculte la luna.*

    Coincidimos en que en esta zona de la canción el cuento ya está contado, tiene todos los elementos que necesita, pero le hace falta una sacudida, el soplo que ponga las partículas en movimiento. En la tarde observo cómo el viento que atraviesa el valle se mete en el plantío de avena, que tiene un verde irlandés, y lo sacude violentamente como si lo estuviera invadiendo una multitud de conejos, y entonces, entusiasmado con esa sacudida trepidante, me pongo a soltar otra multitud de conejos entre los versos para que los muevan y los zarandeen, y escribo una versión que sin ser, ni mucho menos, la definitiva me parece que queda enfilada hacia donde queremos llegar. Le escribo a Serrat:

    A ver qué te parece esta vuelta que les he dado a los versos nuevos:

        *Pero fueron sorprendidos
        los miserables ladrones,*

los descubrió el tecolote
que ululando despertó
a los pájaros dormidos.

Reina vanidosa,
no te lleves nuestras plumas,
no nos robes el vuelo,
no nos quites el canto,
la reina tendrá su manto
cuando se oculte la luna.

Abrazo.
J.

Enviat des del meu portàtil
@jsolerescritor

24

Veníamos en el coche, subiendo por via Laietana, yo iba al volante y Alexandra, en el asiento del copiloto, escribía en su teléfono un mail, un whatsapp urgente o un SMS fulminante, controlaba telescópicamente los flujos y las mareas de su empresa mientras subíamos por la avenida rumbo a Sant Gervasi. Sonó mi teléfono, que estaba conectado al sistema del coche, y avisé a Alexandra que tenía que contestar, que habría una conversación que probablemente iba a distraerla, pero ella estaba concentrada en su pantalla, hizo un gesto con la mano para que me despreocupara. Después de avisarle a Serrat que venía conduciendo, y de asegurarle que, lejos de interrumpir, su llamada me ayudaba a darle sentido a la pesadez de ir sorteando coches en la avenida, comenzamos a destripar otra vez, en una conversación ambiental que brotaba, como los arriates y los picayastles de la selva, por los bafles del coche, el boceto de la canción, el tumbao que quizá tendría que llevar la princesa al desplazarse, la actitud de algunos pájaros, unos más entregados, otros más cooperativos y los que eran unos pillos; también pasamos revista a los árboles y a los colores de la selva, pero ¿estás seguro de que en Veracruz hay esos colores?, preguntó Serrat, y yo respondí que seguro seguro no estaba, pero podía preguntar, o buscar en Google, si es que la información existía porque, añadí, en medio de la naturaleza el Google Maps se despista, y no habrá imágenes, porque tampoco es que aquella selva sea un reclamo turístico, no habrá fotos de gente que ande explorando por ahí, con la salvedad de nuestra reina, claro, dije, y al final añadí que se trataba de una canción, es decir, de una pieza de ficción, y que, desde mi punto de vista, podíamos reconstruir aquella selva como mejor nos conviniera, y luego seguimos bordando sobre la verosimilitud de nuestra historia, no podía haber un croto que sólo crece en Brasil, por ejemplo, y por ahí seguimos internándonos, siempre guiados por el rigor de Serrat, que era nuestra linterna, un rigor que fue muy evidente desde el primer boceto de la canción, el mismo al que yo me someto cuando escribo mis novelas y mis ensayos, pero en este caso, al ser la escritura de una canción un arte que está fuera de mi universo literario, su rigor me parecía de otra naturaleza, más poliédrico, porque en cada verso, me di cuenta desde el principio, él pensaba en el sentido, en la forma y en el sonido, pero también en la manera en que esa línea iba a convertirse en una pieza que tenía que encajar en el entramado musical, pensaba con el rigor y el horizonte del ajedrecista que mueve el alfil en función de los movimientos que hará más adelante con la torre y con el caballo. Al integrarme a ese rigor, que desde luego excedía mis capacidades, me quedó claro de dónde habían salido esas canciones magistrales que me han marcado desde que era un niño. Habíamos dejado atrás la via Laietana y ahora subíamos por la calle Aribau, Alexandra seguía trabajando en el teléfono sin hacer caso de lo que decíamos, cuando Serrat, para probar la elasticidad del verso que en ese momento pasábamos a cuchillo, se puso a cantarlo y esa partícula de la canción llenó inmediatamente el interior del coche y Alexandra, que no se había enterado de la conversación, levantó por primera vez los ojos de la pantalla, me miró asombrada y dijo: ¡es Serrat!

25

Serrat envía una versión revolucionada por una multitud de pájaros que ya no se llama «La reina de la selva» sino «Un manto de pájaros». Son tantos los pájaros que vuelan dentro de la canción que han echado a la reina del título. Serrat va articulando los grupos de versos a base de parvadas que va soltando en ráfagas:

> *A por plumas de tucanes,*
> *guacamayas,*
> *carpinteros,*
> *oropéndolas,*
> *calandrias,*
> *azulejos*
> *y jilgueros.*

El final de la canción llega con una descarga en la que, por fin, consigue meter al xirimiticuaticolorodícuaro en el lugar que le corresponde:

> *De un manto de tucanes,*
> *guacamayas*
> *y jilgueros.*
> *Oropéndolas,*
> *calandrias,*
> *azulejos*
> *y carpinteros.*

De zanates,
de pinzones,
cardenales,
colibríes,
de loros
y de cotorras
y lacios xirimicuiles

y de xirimícuaros
y xirimicuatícuaros
y xirimicuaticolorí
xirimiticuaticolorodícuaros.

26

Un día comíamos Serrat y yo en un restaurante japonés que frecuenta mucho y que está en mi barrio, enfrente del mercado Galvany. Justamente cuando me enfrentaba, otra vez, al dilema de mencionar o no a nombre de quién estaba reservada la mesa, apareció a lo lejos y desde allá saludó con entusiasmo; iba emboscado debajo de una gorra que haría, pensé, que la gente lo viera como un vecino normal, y no como el cantautor alfa de la lengua española, en cuyo caso, temía yo desde la neurosis, nuestra comida iba a convertirse en un tumulto ingobernable. Al entrar se produjo ese silencio repleto de admiración que funda Serrat cada vez que entra en un restaurante. Los barceloneses son muy respetuosos con la gente célebre, les dedican esa admiración silenciosa en lugar de precipitarse a pedirles una selfi, aunque esa tarde, al final de la comida, se acercó una chica a pedirle una foto con ella, que yo hice diligentemente. Esa tensa calma, la del silencio admirativo, no impide desde luego que la totalidad del restaurante se pase la comida observando todo lo que hace el cantautor. Sólo una vez, al salir de un restaurante en el paseo de Gracia, a esa barahúnda de turistas que crece todos los días en la ciudad, fuimos cercados por sus admiradores, latinoamericanos, según deduje, pero inmediatamente Serrat recondujo la situación y enseguida nos metimos al estacionamiento donde tenía su todoterreno. En aquella comida en el restaurante japonés nos sentaron en la mesa que ocupaba el centro, junto a una rampa que conducía al baño y que daba la oportunidad a los comensales de fisgonearnos la mesa cada vez que iban a aliviarse de alguna necesidad, real o imaginaria, pues vi a alguno yendo al baño, al gabinete, como decían en casa de mi amigo, con una frecuencia inverosímil. Serrat pidió el godello que le gusta, el de una ría específica cuyo nombre, como me pasa siempre, fui incapaz de retener, y luego una serie de manjares que fue enumerando, dijo que no a los salmonetes que sugirió la camarera y fue condescendiente cuando pedí el sashimi de atún con un largo y alucinante churro de aguacate, que yo ya había probado en otra ocasión, porque a él le gusta ordenar la comida para toda la mesa, así como ordena la *setlist* de sus canciones antes de un concierto, o como la ordenaba cuando los hacía, debería decir con más propiedad, porque esa tarde me contó que se iba a embarcar en su última gira, que terminaría unos días después de que cumpliera ochenta años, para lo cual iba a empezar unas sesiones con un foniatra, porque llevaba un buen tiempo sin cantar. La pandemia había liquidado los actos públicos, había acabado con ese ritual de nuestra especie que consiste en reunirnos alrededor del que canta, del que nos cuenta qué pasa en esa región del mundo a la que sólo el artista tiene acceso, y el virus, al escatimarnos aquello, nos había dejado, al cantante y a sus discípulos, sin la ocasión de reconocernos en el espejo de la colectividad, concentrados en la vida unifamiliar y desconectados de esa trama de afectos, de interlocutores sociales y profesionales, de ese enjambre de historias que nos sirve para saber en qué punto estamos ubicados; todos esos referentes fueron arrasados por la COVID, que nos obligó a palpar, de una manera cristalina, lo bien o mal pertrechados que estamos. De eso hablamos, de la reconstrucción después de la pandemia y de las propiedades mágicas del godello que bebíamos, una magia que venía del otro lado de España, de la tierra de Galicia que mira al Atlántico, hacia Veracruz, apunté como aditivo para el vino que bebíamos, pues a cada trago, dije, repercutía en nuestro interior la magia de las brujas gallegas y de los brujos como Valle-Inclán. Serrat me contó que estaba pensando el nombre de su última gira, barajó algunos, entre los que no estaba el que al final quedó; le conté que Leonard Cohen, que no es santo de su devoción, le había puesto Thanks for the Dance a su última gira, «gracias por el baile» era lo que él les decía a los entusiastas de su obra que lo acompañaban en esos conciertos, gracias por el baile, les decía, como dice la gente bien educada a la persona que le ha concedido una pieza. El nombre me parece muy sugerente, le dije, es como decir gracias con una imagen que singulariza la relación entre el cantante y quien lo escucha, enfatiza la complicidad que hay entre dos personas que han bailado una pieza juntas; me gusta, dije, como también me gustó el nombre que al final le puso a su última gira: El Vicio de Cantar. A la hora del café me anunció que tenía que concentrarse en la gira que se le venía encima, ya se estaba saboreando el concierto multitudinario y gratuito que daría en el Zócalo de la Ciudad de México y las delicias que iría comiendo en cada ciudad, y también me dijo que tendríamos que aplazar la escritura de nuestra canción y entonces, con una última copa de godello, brindamos por la reina de la selva y por los xirimicuiles y los xirimicuatícuaros.

27

Sentado en mi asiento del AVE voy liquidando pendientes durante el viaje, escribo en el cuaderno el artículo que publico cada semana en el diario *Milenio* y luego lo copio en la tablet, respondo whatsapps y mails, todo en ese ambiente aplacible, aunque afuera el paisaje corre a trescientos kilómetros por hora, que se respira en el vagón. En cuanto acabo con los pendientes le escribo a Serrat:

Querido y admirado coautor:
Espero que todo te esté yendo muy bien y que las aguas, después del maremoto de tu última gira, hayan vuelto a su cauce. Te cuento: estoy a punto de lanzarme a la escritura de un librillo en el que narro, desde una óptica rigurosamente literaria, mi relación con tu obra, con esos discos, que escuchábamos en la selva veracruzana, que eran el puente hacia el país que había tenido que abandonar mi familia. Ya he tocado el tema, como sabes, en alguna de mis novelas, y en algún artículo de periódico, pero ahora quiero narrarlo con la amplitud que merece. La fortuna de conocerte, de haber compartido contigo la mesa, el vino y el pan, y la experiencia extraordinaria de haber trabajado, breve y modestamente, en nuestra canción (aunque quede trunca) redondean, de manera incuestionablemente literaria, metaliteraria quizá, esta

historia. Tú no tienes que hacer nada, te lo cuento porque me parece que es lo decente y, por supuesto, y si no te da pereza, te enviaría una copia antes de enviársela al editor. Y si te es menos engorroso, te mando el libro cuando esté listo.
Un abrazo cariñoso.
Jordi

Enviat des del meu iPhone
@jsolerescritor

Horas más tarde Serrat llama, me pregunta, con una sorna ligera, que si estoy en mi gabinete. Le digo que no, que estoy en un hotel en Madrid, haciendo unas notas para una charla sobre la obra de Elena Poniatowska que tendré en la tarde en la Casa de México. Hablamos de Elena y de las maravillas, nunca suficientemente explicitadas, del AVE Barcelona-Madrid. Le cuento que hace un rato me escapé al estudio de Ramón Gómez de la Serna reproducido en el Museo de Arte Contemporáneo, que queda a trescientos metros del hotel, y luego hablamos de la canción, que ya terminaremos algún día. Sobre el libro que estoy a punto de lanzarme a escribir me dice que escriba lo que quiera, que no hace falta que le dé a leer el manuscrito, que se lo regale cuando esté publicado, cosa que haré por el procedimiento habitual, lo meteré en un sobre con las iniciales JMS y lo dejaré con el conserje de su oficina.

28

Una mañana me llamó mi primo Xavier para decirme que, en la Cadena SER, Iñaki Gabilondo y Joan Manuel Serrat estaban hablando de mi novela *Los rojos de ultramar*. Por más que me precipité al aparato para buscar la estación no pude oír lo que decían, llegué tarde, pero la información de que Serrat me había leído me hizo pensar en la forma en la que un puñado extravagante de acontecimientos, cuyo centro estaba en la selva de Veracruz, habían tenido que acomodarse para que Serrat hablara de mi libro en ese programa de radio. Yo estaba en Madrid, haciendo entrevistas y una rumbosa presentación con mi amigo Juan Cruz y con Gaspar Llamazares, que era entonces el líder del partido Izquierda Unida. Más tarde, Juan me dijo que estaba organizando una cena en Barcelona, que si me apuntaba, es mañana, señaló. Le dije que sí, como he dicho siempre a todos los planes que se le ocurren, y hasta entonces añadió: Serrat ha leído tu novela y quiere conocerte. Casi me dio risa que ese hombre al que yo llevaba queriendo conocer toda la vida quisiera conocerme a mí. Al día siguiente en la tarde, después de la última entrevista, tomé el AVE rumbo a Barcelona y en la estación de Sants me subí a un taxi que me llevó directamente al hotel Omm, en la esquina de Rosselló y paseo de Gracia, que entonces tenía un restaurante muy famoso. Entré arrastrando la maleta, buscando a Juan

Cruz entre la gente que abarrotaba las mesitas del bar, que era el preámbulo del comedor que estaba al fondo. De pronto, de una de esas mesas, medio hundidas en la penumbra, se levantó un hombre que vino hacia mí, muy divertido con mi pinta de viajero que llegaba con todo y maleta, ¿te acabas de bajar del tren?, preguntó. Era Serrat, Joan Manuel Serrat en persona dándome la bienvenida, me quitó la maleta y se la entregó a un trabajador del hotel, que estaba ahí viendo qué se le ofrecía al maestro, y luego pasamos a la mesa donde estaban Juan Cruz, Candela, la mujer de Serrat, y el fotógrafo Jordi Socías, con quien años más tarde haría un viaje inolvidable, yo escribiendo y él capturando la realidad con su cámara, a la Atenas en llamas de la crisis económica, de Syriza y de Amanecer Dorado. El salón del restaurante era enorme y nuestra mesa estaba, como en el futuro estarían todas las demás, en el centro de todo. Al entrar Serrat provocó ese silencio reverencial que desamarra cuando camina entre las mesas de cualquier restaurante y luego, durante las varias horas que pasamos ahí, absorbió todas las miradas como lo hubiera hecho ese candil que solté al principio, en otro restaurante, y que, llevado y traído por las corrientes subterráneas de esta historia, ya ha llegado hasta aquí. Hablamos de muchas cosas mientras comíamos las viandas y bebíamos los vinos que Serrat iba eligiendo; acababa de embarcarse en la gira 100 × 100, con su inseparable Ricard Miralles, tenía sesenta años, los mismos que yo tengo ahora, y yo tenía cuarenta, estábamos encarnando ese famoso título suyo que sale de una carambola de veintenas, *fa vint anys que dic que fa vint anys que tinc vint anys (i encara tinc força, i no tinc l'ànima morta i em sento bullir la sang*, sigue diciendo la canción). Hablamos de *Los rojos de ultramar*, le conté cosas de La Portuguesa y algo le dije de la importancia que tenían sus discos para aquella tribu de catalanes perdidos en la selva veracruzana, algo pero no todo, quizá ya estaba pensando en escribirlo para que mejor lo leyera, años después, en estas páginas. Luego él contó la historia de su madre, que algún día, ya lo dije antes, tendría que sentarse a escribir, y así fuimos hablando, comiendo y bebiendo hasta que llegó la hora de despedirnos. ¿Vienes en coche?, me preguntó, y le dije que no, que me había bajado del AVE y había ido directamente al restaurante, pero que tenía pensado coger un taxi, o caminar, así me voy despejando, añadí. Te llevo, dijo, y salimos caminando al parking donde tenía estacionado su todoterreno. Era más allá de la media noche, de un día cualquiera, quizá un martes, y la ciudad estaba vacía, seguimos conversando mientras subíamos por la calle Aribau y luego dimos vuelta para desembocar en Muntaner. Aquí vivo, le dije, y seguimos todavía un rato conversando frente al portón mientras yo deseaba que llegara un vecino, o que saliera alguien para que viera quién me había llevado a casa y luego lo contara a todo el edificio, pero eso no pasó y nos despedimos sin testigos. Serrat se fue Muntaner abajo y yo me quedé ahí, en la calle, pensando en aquel niño que oía sus canciones en La Portuguesa, respirando ese estimulante olor a mar que sube de madrugada a la parte alta de Barcelona y rumiando la idea de que a veces termina sucediendo eso que uno sueña, esas cosas que uno se cree.

Este libro se terminó
de imprimir en
Móstoles, Madrid,
en el mes de
diciembre de 2024